D1731498

Richard Löwenherz

Birgit Fricke · Anne Bernhardi

Richard Löwenherz

König, Ritter, Troubadour

⊛ GERSTENBERG

Anne Bernhardi, geb. 1981 in Leverkusen, studierte an der HAW Hamburg Illustration. Seitdem ist sie als freiberufliche Illustratorin und Grafikerin tätig.

Birgit Fricke, geb. 1968 in Hildesheim, hat in Köln Anglistik, Germanistik und Philosophie studiert. Seit ihrer Promotion ist sie als freie Lektorin, Übersetzerin und Autorin tätig. Ein Schultheaterstück über Robin Hood weckte schon früh ihre Faszination für Richard Löwenherz und das englische Mittelalter.

Birgit Fricke und Anne Bernhardi haben bei Gerstenberg bereits zusammen das Buch *Die Kelten. Verborgene Welt der Barden und Druiden* veröffentlicht.

Geschichte
Biografien
Rich

*3 1 3 0 2 5 3 3 *

Stadtbücherei Augsburg
Jugendabteilung

Copyright © 2013 Gerstenberg Verlag, Hildesheim
Alle Rechte vorbehalten
Einband und Illustrationen: Anne Bernhardi, Leichlingen
Text: Birgit Fricke, Hildesheim
Satz und Layout: Wilhelm Schäfer, typocepta, Köln
Lithografie: SchwabScantechnik, Göttingen
Druck und Bindung: TBB, a.s., Banská Bystrica
Printed in the Slovak Republik

www.gerstenberg-verlag.de

ISBN 978-3-8369-5739-7

Inhalt

Der Kampf um den Thron
1172 bis 1189

Im Norden des heutigen Frankreich hießen höfische Spielleute TROUVÈRES, im Süden Troubadoure. Blondel de Nesle (sprich: ,Bloñ'dell dö Nell) war einer der berühmtesten Trouvères. Im Gebiet des heutigen Deutschland entwickelte sich aus der Troubadourdichtung der Minnesang.

So viele Lieder habe ich nun schon über ihn gesungen, über meinen König Richard Löwenherz. Doch nun will ich von ihm erzählen, seine Geschichte, die über lange Jahre und viele Meilen hinweg auch meine Geschichte ist.

Wenn ich mich kurz vorstellen darf: Mein Name ist Blondel de Nesle. Ich bin ein Trouvère, ein höfischer Spielmann. Geboren wurde ich in der wunderschönen Picardie als Sohn eines Edelmannes. Eigentlich heiße ich Jean, Johann, aber wegen meiner blonden Locken nannte man mich schon als Kind Blondel, „Blondchen", und so ist es bis heute geblieben. Es ist ja ganz gut, wenn ein Spielmann einen ungewöhnlichen Namen hat, nicht wahr?

Dass ich ein Trouvère sein wollte, wusste ich früh. Ich liebte die Musik. Unermüdlich übte ich die Lieder der berühmtesten Troubadoure: Wilhelm IX. von Aquitanien, Bernart de Ventadorn und Bertran de Born. Natürlich musste ich auch lernen, wie man mit Waffen umgeht und wie man rechnet und schreibt und all das, was man braucht, wenn man eines Tages ein herrschaftliches Anwesen erben soll. Aber sobald ich meine Pflicht erfüllt hatte, griff ich zu meiner Laute und spielte die Lieder, die ich von Troubadouren und Trouvères gehört hatte. Als ich mutiger geworden war, dichtete ich eigene Lieder. An meine ersten Versuche mag ich heute gar nicht mehr denken, ach, das war alles ganz furchtbar schlecht! Aber mit der Zeit wurde es besser. Eines Tages, ich war in meinem sechzehnten Jahr, war ich bereit, in die Welt hinauszuziehen und meine Kunst zu Gehör zu bringen.

Ein Weilchen blieb ich noch in der Picardie und spielte an Adelshöfen, die nicht allzu weit vom elterlichen Gut entfernt lagen. Da man mich überall freundlich aufnahm und den Gastgebern mein Vortrag zu gefallen schien, fasste ich mir endlich ein Herz, schwang mich aufs Pferd und machte mich auf den Weg nach Süden, nach Aquitanien. Dort, in Poitiers, hoffte ich, Aufnahme am Hof jener Frau zu

Die PICARDIE ist eine Region im heutigen Nordfrankreich. Sie grenzt östlich an die Normandie. Heute ist Amiens die größte Stadt. Im 12. Jh. gehörte die Picardie zum Herrschaftsgebiet des französischen Königs.

finden, der alle Troubadoure zu Füßen lagen, jener Frau, die gleich einer Schutzheiligen ihren Mantel über Dichter und Musiker gebreitet hatte, jener Frau, die ihrem Großvater Herzog Wilhelm IX., was die Leidenschaft für die Musik anging, in nichts nachstand: Eleonore, Herzogin von Aquitanien und Königin von England. Sie war nicht nur die Enkelin meines großen Vorbilds Wilhelms IX., den viele als den ersten und noch mehr als den besten aller Troubadoure feierten. Sie war auch die Mutter meines künftigen Herrn: Richard Löwenherz.

Ich sage „meines Herrn", obwohl Richard nicht mein Lehnsherr war. Ich war nicht verpflichtet, mit ihm in den Krieg zu ziehen, und ich musste ihm keine Steuern und Abgaben zahlen. Meine Familie hatte Lehen in der Picardie und in Flandern, unser oberster Lehnsherr war also der König von Frankreich. Aber auch wenn ich mich dem französischen König in allem, was Geld anging, verpflichtet sah und ihm treu als Lehnsmann diente, so schlug mein Herz doch für den Teil des Reiches, über den der König von England herrschte, denn dort lag die Quelle meiner Musik.

Es war Ende Juni des Jahres 1172, um den Johannistag, als ich das sonnige Aquitanien erreichte. Was für ein herrliches, heiteres Land! Meile um Meile ritt ich durch fruchtbare Felder, auf denen das Korn stolz und kerzengerade stand, und durch Weinberge, an deren Hängen die köstlichsten Trauben wuchsen; ihr Saft ließ meinen Gaumen frohlocken. In den weiten Wäldern gab es reichlich Wild – welch ein Glück für denjenigen, der hier das Jagdrecht besaß! Kein Wunder, dass dieses südliche Land große Dichter hervorgebracht hatte, denn hier fügten sich kunstvolle Melodien und kluge Worte wie von selbst in der milden Luft.

Mein Herz war leicht und voller Freude, als ich in Poitiers ankam. Der Palast wirkte auf mich freundlich und einladend, und ich bat darum, zu Herzogin Eleonore vorgelassen zu werden.

Zu meinem großen Erstaunen erfuhr ich, dass sie nicht mehr die Herrin dieses lieblichen Landes war – vor kurzem erst hatte sie ihren Sohn Richard zum Herzog von Aquitanien ernannt!

Ich weiß noch ganz genau, wie ich ihn das erste Mal sah; es ist, als sei es gestern gewesen. Er saß in einer kleinen Kammer des Palastes in der mit seidenen Kissen gepolsterten Fensterbank und spielte auf einer wunderschön verzierten Laute. Seine Kleidung hingegen war schlicht, aus Leinen, nicht aus Samt und Seide (aber natürlich war es sehr feines Leinen, nicht das grobe, das die Bauern trugen). Ich war überrascht, wie jung er war: Noch keine fünfzehn Jahre, wie man mir später erzählte. Groß und schlank war er, das konnte ich sehen, obwohl er über die Laute gebeugt saß, und er hatte kastanienrotes Haar und schon jetzt, trotz seiner Jugend, kräftige, breite Schultern.

AQUITANIEN ist eine Region, die heute zu Südfrankreich gehört. Im 12. Jh. war es Teil des Angevinischen Reiches. So nennt man heute das damalige Herrschaftsgebiet des englischen Königs, das sich nicht nur auf England beschränkte, sondern große Gebiete des heutigen Frankreich umfasste. Der oberste Lehnsherr für diese Gebiete war der französische König. In Aquitanien und anderen Teilen des südlichen Angevinischen Reiches sprach man Okzitanisch (*langue d'oc*), im Norden des heutigen Frankreich sprach man normannisches Französisch und die *langue d'oïl*.

„Kennst du diese Melodie?", fragte er, ohne aufzusehen.

„Nein, mein Herr", antwortete ich wahrheitsgemäß.

„Gefällt sie dir?"

„Sie ist nicht schlecht, mein Herr", sagte ich und erschrak zugleich über mein unbedachtes Urteil. Wenn dies das Lieblingslied des jungen Herzogs war, dann würde er mich gleich wieder fortschicken.

„Aber?" Jetzt sah Richard mich an, mit einem forschenden Blick, der mir durch und durch ging.

Ich glaubte, meine Chance, am Hof von Poitiers aufgenommen zu werden, auf ewig vertan zu haben, beschloss aber, trotzdem meine Meinung zu sagen.

„Sie wirkt noch etwas … unfertig, mein Herr."

„Gut", sagte Richard, und auf seinem bisher unbewegten Gesicht erschien ein kleines Schmunzeln. „Denn das ist sie auch. Ich bin noch dabei, die Melodie für ein neues Lied zu finden. Du bist ehrlich, Blondel. Das schätze ich. Und du verstehst etwas von Musik. Woher kommst du? Ich höre, dass die Sprache des Südens nicht deine Muttersprache ist."

Zutiefst erleichtert über seine freundlichen Worte, antwortete ich ihm, dass ich aus der Picardie stamme, und erzählte ihm ein wenig von mir. Als ich fertig war, schwieg Richard. Wieder war ich beunruhigt – hatte ich etwas Falsches gesagt? Ich nahm all meinen Mut zusammen und brach das unbehagliche Schweigen: „Mein Herr … darf ich fragen, was es für ein Lied wird, das Ihr gerade dichtet?"

Kaum hatte ich diese Frage gestellt, schienen sich dunkle Wolken über Richards Stirn zusammenzubrauen.

„Ein *Sirventes*", antwortete er schroff, fast schon grimmig. „Ein Spottlied. Auf meinen Vater."

„Auf den König?", fragte ich, bemüht, mein Entsetzen zu verbergen.

Heinrich II. und seine Nachfahren gehörten der Familie PLANTAGENET an. Der Name kommt von *planta genista*, dem lateinischen Wort für Ginster. Einer der Vorfahren soll einen Ginsterzweig als Helmzier getragen haben.

„Ja", sagte Richard. „Auf Heinrich II. Plantagenet, den König von England. Meinen Vater. Der seinen Söhnen Land und Titel gibt, aber keine Macht. Der es versäumt, sie auf ihre Herrschaft vorzubereiten, wie es die Aufgabe eines Königs wäre. Mein älterer Bruder, der junge Heinrich, darf sich Mitkönig nennen – doch was hat er davon? Entscheiden darf er nichts ohne unseren Vater. Ich bin Herzog von Aquitanien, samt allen Insignien, Lanze, Banner und dem Ring der heiligen Valerie, doch was nützt es mir? Ich bin nur eine Marionette, deren Fäden mein Vater zieht. Das ist schon ein kleines Spottlied wert, nicht wahr, Blondel? Ein Vater, der seine eigenen Söhne fürchtet. Ich finde das lächerlich genug."

Was sollte ich dazu sagen? Ich spürte die bittere Enttäuschung Richards und konnte seine Wut gut verstehen. Welcher Sohn wünscht sich nicht die Anerkennung seines Vaters? Trotzdem wagte ich es nicht, ihm offen zuzustimmen und etwas gegen den König zu sagen. Zumal ich nicht sicher war, ob Richard nicht zu viel verlangte: Er war vierzehn Jahre alt und damit mündig, aber reichte das, um ein Land wie Aquitanien zu regieren? So groß und kräftig wie er war – ein bisschen schien mir Richard bei dieser ersten Begegnung wie ein verwöhntes, trotziges Kind.

Das heißt nicht, dass ich ihn nicht mochte. Im Gegenteil. Ich war neugierig auf ihn geworden und begann, die Höflinge nach ihm auszufragen. Vor allem seine Amme Hodierna, eine freundliche, warmherzige Frau, gab mir geduldig Auskunft. Bald wurde mir klar, dass ich mich geirrt hatte: Verwöhnt war Richard gewiss nicht, obwohl er der Sohn eines Königs war. Sein Vater hatte sich kaum um ihn gekümmert, genauso wenig wie um seine Geschwister und Halbgeschwister.

Man beschrieb mir König Heinrich als rastlosen Mann, der stets in Eile und immer unterwegs war. „Kurzmantel" nannten sie ihn, weil er kaum etwas anderes trug als schlichte Reisekleidung mit einem kurzen Mantel, der beim Reiten

weniger hinderlich war als die langen Mäntel, die hohe Herren zu festlichen An-
lässen überwarfen. Rotblond war er, von mittlerer Größe und sehr kräftig gebaut.
Viele erwähnten seine tiefgründigen grauen Augen. Streng sei er, hieß es, mit anderen wie mit sich selbst. Aus Sorge, nicht nur kräftig, sondern dick zu erschei-
nen, übte er äußerste Maßhaltung beim Essen und Trinken (ein Wesenszug, den er
seinem Sohn Richard nicht vererbt hatte, so viel ist sicher). Ruhe gönnte er sich so
gut wie nie – oft genug fluchten seine Höflinge insgeheim, wenn er mitten in der
Nacht verlangte, man möge ihm bestimmte Unterlagen besorgen, weil er zu arbei-
ten habe, oder man möge ihm Nadel und Faden bringen, weil er sein Hemd selbst
flicken wollte.

So fleißig und umtriebig dieser Mann sein mochte, alle waren sich einig, dass
er eine wichtige Aufgabe vernachlässigt hatte: die Erziehung seiner Kinder. Richard hatte einen älteren Bruder, Heinrich, und eine ältere Schwester, Mathilde.
Wilhelm, der erstgeborene Sohn von König Heinrich und Eleonore, war gestorben,
als er noch keine drei Jahre alt war. Richards jüngere Brüder hießen Gottfried und
Johann, seine jüngeren Schwestern Eleonore und Johanna. Da Richards Mutter in
erster Ehe mit König Ludwig VII. von Frankreich verheiratet gewesen war, hatte er
noch zwei Halbschwestern: Marie und Alice. Wie viele uneheliche Kinder der König mit anderen Frauen hatte, konnte mir niemand genau sagen; es hieß, es könne
ein knappes Dutzend sein.

Natürlich hatte König Heinrich dafür gesorgt, dass seine Söhne eine gute Ausbil-
dung erhielten und alles lernten, was jeder Adlige, ob nun Ritter, Graf, Herzog oder
Prinz, beherrschen musste: Reiten, Fechten, Lanzenstechen, Bogenschießen und
Jagen, dazu die Grundregeln der Kriegskunst. Auch die höfischen Umgangsformen
galt es zu kennen – wer wollte schon mit einem ungehobelten Klotz verhandeln
oder sich gar von einem solchen regieren lassen. Nicht zuletzt legte König Heinrich
großen Wert darauf, dass seine Söhne Unterricht in den Wissenschaften, in Musik,
höfischer Literatur und Sprachen erhielten. So sprach Richard neben Okzitanisch
und Französisch auch fließend Latein – so gut, dass er manchen geistlichen Würdenträger berichtigen konnte (was er auch tat, und zwar mit großem Vergnügen).

Im Hochmittelalter war es üblich, dass adlige Damen wie Eleonore ihre Kinder nicht selbst stillten, sondern sie einer AMME übergaben. Richards Amme hieß Hodierna. Sein Leben lang hatte er ein inniges Verhältnis zu seiner Ziehmutter. Als er König war, belohnte er sie mit einem kostbaren Lehen und machte sie zu einer wohlhabenden Frau.

Nun, immerhin war der Erzbischof von Canterbury sein Lehrer gewesen. Das Englische lag ihm weniger, doch er beherrschte es gut genug, um sich verständigen zu können.

„Ein ungebildeter König ist wie ein gekrönter Esel", hieß es an Heinrichs Hof. Ein wahres Wort! Was König Heinrich dabei jedoch übersah, war die Tatsache, dass es Dinge gibt, die ein Kind nicht aus Büchern lernen kann. Fragen, die Richard und seine Geschwister an ihren Vater hatten, blieben unbeantwortet, weil der König keine Zeit für sie hatte. Als Richard noch kein Jahr alt war, reiste sein Vater in die Provinzen auf dem Festland und ließ die Kinder in England zurück. Zwei Jahre ließ er sich nicht blicken. Da schrieb Erzbischof Theobald von Canterbury einen Brief an den König, in dem er ihn bat, nach England zu kommen: Selbst der hartherzigste Vater könne es doch wohl kaum ertragen, seine Kinder so lange nicht zu sehen. Der König nahm den Brief nicht zur Kenntnis. Erst zweieinhalb Jahre später kehrte er nach England zurück und besuchte seine Kinder. Viereinhalb lange Jahre war er fort gewesen.

Nachdem ich all das erfahren hatte, verstand ich Richard besser. Denn auch wenn sein Vater der mächtigste König Westeuropas war und über ein Reich zu herrschen hatte, das sich von der schottischen Grenze bis zu den Pyrenäen erstreckte – es hätte doch wohl Mittel und Wege gegeben, sich dann und wann den Kindern zu widmen, nicht wahr? Kein Wunder, dass sie Fremde für ihn waren. Und Fremden misstraut man oft. Vielleicht hatte Richard recht damit, dass sein Vater die eigenen Söhne fürchtete und deshalb versuchte, sie von der Macht fernzuhalten.

Wie anders war Richards Mutter! Am Abend meiner Ankunft in Poitiers durfte ich für sie und Richard singen, und es fiel mir nicht schwer, die Schönheit der Königin zu preisen. Fünfzig Jahre zählte Eleonore damals, doch kam es mir nicht in den Sinn, sie für eine alte Frau zu halten. Sie war rank und schlank wie ein junges Mädchen, und in ihren klugen Augen lag Feuer. Die Herrschaft über Aquitanien hatte sie selbst geerbt, nicht durch Heirat erworben – vielleicht war es das, was ihr einen Stolz verlieh, den ich bei keiner anderen Frau je gesehen hatte. Ich ahnte, dass König Heinrich in ihr keine duldsame, gefügige Gemahlin hatte, sondern eine Königin mit einem eigenen Willen. Und ich spürte, dass Richard in ihr eine Mutter hatte, die ihn innig liebte, und dass er diese Liebe erwiderte. Sie hatte den Mut gehabt, ihm, obwohl er noch so jung war, ihr Herzogtum anzuvertrauen. Leider hatte der König das letzte Wort.

An diesem ersten Abend, den ich am Hof von Poitiers verbrachte, trug ich zwei Lieder vor. Für die Königin sang ich ein Lied, das ich selbst gedichtet hatte, *L'amours dont sui espris:*

L'amours dont sui espris	*Ich bin ergriffen von einer Liebe,*
Me semont de chanter;	*die mich zum Singen zwingt;*
Si fais con bons sopris	*als hätte sie mich so übermannt,*
Qui ne puet endurer.	*dass ich nicht widerstehen kann.*
Et s'ai je tant conquis	*Doch zugleich habe ich etwas gewonnen,*
Que bien me puis venter:	*mit dem ich prahlen kann:*
Que j'ai piec 'a apris	*Schon vor langer Zeit lernte ich,*
Leaument a amer.	*in der Liebe treu zu sein.*
A li sont mi penser	*Meine Gedanken gelten ihr allein,*
Et seront a touz dis;	*und so wird es bleiben;*
Ja nes en quier oster.	*nie werde ich sie schweifen lassen.*

Für Richard sang ich ein Lied von Bertran de Born, das von kühnen Waffentaten handelte:

Schön ist es mir, wenn aneinander Schilde drängen,
von roten und von blauen Farben überdeckt,
Fahnen und Lanzenwimpel auch von vielen Farben bunt,
wenn Zelte mannigfach und reich sich spannen,
wenn Lanzen splittern, Schilde brechen,
und wenn man blanke Helme spaltet, Hiebe gibt und nimmt.

Ich hatte die richtige Wahl getroffen: Beide, Königin Eleonore und Herzog Richard, waren von meinem Vortrag sehr angetan, und sie sagten, ich dürfe bleiben, solange ich wolle. Dankend nahm ich an.

Ich blieb den ganzen Sommer. In dieser Zeit wurden Richard und ich Freunde. Wir waren fast im gleichen Alter, hatten einen ähnlichen Geschmack, was Musik anging, und auch sonst verstanden wir uns gut. Es dauerte zwar eine Weile, bis er Vertrauen zu mir gefasst hatte, aber nach und nach öffnete er mir sein Herz. Oft sprach er über seinen Kummer, dass sein Vater ihm nicht zutraute, über Aquitanien zu herrschen. Noch öfter allerdings gingen wir zusammen auf die Jagd. Mal jagten wir Hirsche mit Pfeil und Bogen – ach, das köstliche, wohlgenährte Rotwild von Aquitanien; stundenlang könnte ich darüber singen! –, mal zogen wir mit Richards prächtigen Falken los (sie waren seine besondere Leidenschaft). Danach feilten wir gemeinsam an Liedern, die Richard gedichtet hatte, oder übten uns im Lanzenstechen und Schwertfechten.

Im Umgang mit den Waffen war Richard mir haushoch überlegen. Ich war beileibe kein Schwächling, auch nicht viel kleiner als er, und ich konnte sehr wohl mit Lanze und Schwert umgehen – doch gegen seine Kraft und seine fast wütende Entschlossenheit konnte ich nichts ausrichten. Was für ein Kämpfer, damals schon! Wenn sich unsere Schwerter kreuzten, sprühten Funken, und wenn er mit der Lanze auf mich zuritt, brauste er heran wie ein Wintersturm über der Nordsee. Zugleich führte er die Waffe mit so ruhiger Hand und lenkte sein Pferd so geschickt, dass er stets genau die Mitte meines Schildes traf. Jeder Stoß hatte eine solche Wucht, dass ich meinte, der Arm würde mir brechen. Ich weiß nicht, wie oft er mich auf diese Weise aus dem Sattel hob. Ich hörte recht früh auf, zu zählen.

Richard besuchte regelmäßig die heilige Messe. Ob aus Frömmigkeit oder um dem Chorgesang der Mönche zu lauschen, vermag ich nicht zu sagen; ein bisschen von beidem, denke ich. Oft sprang er mitten im Lied auf, ging zwischen den Sängern umher und trieb sie mit lauter Stimme und großen Gesten an, mit mehr Ausdruck und Leidenschaft zu singen. Ich hoffe, es ist keine Sünde, in der Kirche zu lachen, denn dann wäre mir die Hölle gewiss.

Die FALKENJAGD war im Hochmittelalter eine äußerst beliebte Freizeitbeschäftigung der Adligen. Kaiser Friedrich II. schrieb im 13. Jh. sogar ein wissenschaftliches Buch darüber, das noch im 20. Jh. als Standardwerk galt.

Nachdem ich die Gastfreundschaft Richards und Eleonores gut zwei Monate lang genossen hatte, verließ ich den Hof und zog durch das schöne Aquitanien. Es war die Zeit der Weinlese, und überall wurden fleißig die köstlichen Trauben geerntet. Doch während ich an Adelshöfen zu Gast war und dort den süßen Wein vergangener Jahre genießen durfte, hörte ich viele bittere Geschichten, und ich begriff, dass in diesem sonnigen Land nicht nur der Wein gärte, sondern auch Wut: Bevor Eleonore den englischen König Heinrich geheiratet hatte, waren die Adligen Aquitaniens weitgehend unabhängig gewesen, sogar vom Herzogshaus. Doch seit nunmehr zwanzig Jahren war Heinrich ihr oberster Herr. Vielen missfiel das nach wie vor, und immer wieder hatte es kleinere Aufstände gegeben. Jetzt, wo Richard Herzog war, witterten die Unzufriedenen eine neue Chance: Vielleicht konnten sie den Vater gegen den Sohn ausspielen und am Ende beide entmachten. Ich ahnte, dass auf den jungen Herzog Richard große Schwierigkeiten zukamen.

Bedrückt wie ich war, suchte ich Trost in einem Lied, das ich gedichtet hatte. Es preist die höfische Tugend der *joie*, der Wonne, der Freude:

Es gehört zur joie, *auf die gar feinste Weise zu lieben,*
und, wann immer sich die Gelegenheit bietet,
großzügig Geschenke zu geben;
und noch eins ist gewiss Teil der joie:
nach höfischer Sitte zu sprechen.
Wer diese drei Ratschläge befolgt, wird nie fehlgehen.

Als die Bäume in den weiten Wäldern ihr Laub verloren hatten, so um den Martinstag herum, kehrte ich an Richards Hof zurück und verbrachte dort den Winter. Wir vertieften unsere Freundschaft, musizierten zusammen und verkürzten uns manch langen dunklen Abend mit einer Partie Schach (die ich genauso sicher verlor wie das Lanzenstechen, ach, es war zum Haareraufen!). Dabei war uns Richards kleiner Bruder Johann, der damals fünf oder sechs Jahre alt war, ein häufiges Ärgernis, weil er sich gern anschlich, während wir über dem nächsten Zug brüteten, und die Figuren umwarf.

Königskinder wurden oftmals schon im Kleinkind- oder gar Säuglingsalter miteinander verlobt. Sie waren ein Pfand in der Machtpolitik ihrer Eltern. Die frühe VERLOBUNG Johanns war also nichts Ungewöhnliches.

Ende Februar des folgenden Jahres, Anno Domini 1173, wurde die freche Rotznase Johann selbst zur Figur in einem bösen Spiel: Auf einer Reichsversammlung hatte König Heinrich beschlossen, seinen jüngsten Sohn mit der Tochter des Grafen von Savoyen zu verloben. Dadurch wäre Johann, der bis dahin, anders als seine Brüder, noch kein Land besaß und daher „Ohneland" genannt wurde, eines Tages zum Herrscher über große Teile der westlichen Alpen geworden. Zudem wollte Heinrich dem kleinen Bengel drei wichtige Burgen in Anjou übergeben.

Heinrich der Jüngere, der älteste Sohn des Königs, schäumte vor Wut. Er hatte dem französischen König Ludwig VII. für Anjou gehuldigt und sah es als sein Recht an, über die dortigen Burgen zu verfügen – wie konnte sein Vater es wagen, sich so selbstherrlich in seine Grafschaft einzumischen! Voller Zorn verließ er die Versammlung – und begab sich an den Hof Ludwigs VII., um ihn zu bitten, ihm gegen seinen Vater beizustehen. Heinrich der Jüngere war zum französischen König übergelaufen.

ROSAMUND CLIFFORD, genannt „Fair Rosamond", die schöne Rosamund, war jahrelang die Geliebte König Heinrichs II. In Woodstock ließ er ein großes Haus für sie bauen und zeigte sich sogar öffentlich mit ihr. Das konnte Eleonore ihm nicht verzeihen.

Wie kleine Boote, die vom Sog eines großen Schiffes mitgerissen werden, folgten ihm viele Barone aus der Bretagne und der Normandie. Ein Aufstand bahnte sich an. Auch in Aquitanien. Und Königin Eleonore war mehr als bereit, sich anzuschließen. Gegen ihren elf Jahre jüngeren Mann, der sie schon lange mit der schönen Rosamund und anderen Frauen betrog, hegte sie einen tiefen Groll; er hatte sie nicht nur entmachtet, sondern auch gedemütigt. An das Ehegelöbnis fühlte sie sich nicht mehr gebunden. Ihre Liebe galt Aquitanien und ihrem Sohn Richard, und sie wollte ihn unterstützen, damit er allein über sein Herzogtum herrschen konnte.

So ergriff auch sie Partei für den französischen König, ihren ersten Gemahl, und ihren ältesten Sohn Heinrich. Richard und sein jüngerer Bruder Gottfried taten es ihr gleich. Während Eleonore in Poitiers blieb, um von dort aus die Revolte vorzubereiten, gingen Richard und Gottfried an den Hof König Ludwigs, um sich den Rebellen anzuschließen. Es war das erste Mal, dass Richard sich offen gegen seinen Vater stellte. Es sollte nicht das letzte Mal sein.

Ich folgte Richard an den Hof des französischen Königs und hörte dort reichlich Klatsch und Tratsch. Auch wenn sich alle einig waren, dass es König Heinrich zu stürzen galt, tuschelten viele hinter vorgehaltener Hand, es sei eine Schande, dass Königin Eleonore ihre Gehorsamspflicht als christliche Ehefrau verletze und ihre Söhne gegen den eigenen Vater zu Felde ziehen lasse, sie sogar gegen ihn aufgehetzt habe. Man sprach von einem „Krieg ohne Liebe". Dazu kann ich nur sagen: In einer christlichen Ehe hat auch der Mann gewisse Pflichten, nicht wahr? Und ich hatte nicht den Eindruck, dass sich Richard nur seiner Mutter zuliebe gegen seinen Vater auflehnte: Ich glaube, sein eigener Zorn reichte völlig aus.

Im Mittelalter war es die Ausnahme, dass zwei Heere, die sich in SCHLACHTORDNUNG gegenüberstanden, wirklich zum Kampf übergingen. In der Regel blieb es bei Drohgebärden. Statt das Leben der Fürsten und ihrer gut ausgebildeten Krieger zu gefährden, zog man es vor, die Ländereien des Feindes zu verwüsten. Die Leidtragenden dieser Kriege waren die Bauern, deren Dörfer niedergebrannt und deren Felder vernichtet wurden.

Doch mit Zorn allein gewinnt man keine Kriege. Schon gar nicht, wenn man erst fünfzehn Jahre alt ist und gegen einen übermächtigen Gegner kämpft. Im Sommer 1173 zog ich mit Richard in seine erste Schlacht. Aumale in der Normandie wollten wir erobern. Dort sahen wir uns einer äußerst schlagkräftigen Truppe gegenüber: König Heinrich hatte ein zwanzigtausend Mann starkes Söldnerheer aufgestellt. Die Söldner schienen überall gleichzeitig zu sein und wehrten jeden Angriff in kürzester Zeit ab. Es war, als kämpfe man gegen einen vielköpfigen Drachen! Was sollten wir da noch ausrichten? Wir mussten abziehen. Seine erste Schlacht hatte Richard verloren.

Doch sosehr er mit dieser Niederlage haderte, er mochte sich damit trösten, dass auch sonst niemand den englischen König besiegen konnte. Wo immer eine Revolte stattfand, schlugen seine Söldner sie nieder. Oft kam es gar nicht erst zum Kampf – allein der Anblick der Söldnertruppen reichte aus, um die Rebellen zur Aufgabe zu zwingen. Gegen die Macht, das Geld und die Erfahrung des englischen Königs war kein Ankommen. Den ganzen Sommer währten die Kämpfe. Jede Schlacht entschied König Heinrich für sich.

Im November schließlich erreichte eine bittere Kunde den Hof König Ludwigs, wo wir uns noch immer aufhielten: Königin Eleonore war in Gefangenschaft geraten! Sie hatte Poitiers verlassen, als Mann verkleidet, und versucht, zu uns an den französischen Hof zu fliehen. Doch Heinrichs Leute hatten sie erkannt und gefangen genommen. Was für ein Unglück! Was für ein Verlust für die Rebellen, was für ein Kummer für diese wunderbare Frau! König Heinrich brachte sie nach England und ließ sie einsperren. Damit hatte sie für lange Jahre ihre Freiheit verloren. Und Richard seine Mutter.

Für mich war die Gefangennahme Eleonores ein Zeichen, dass die Revolte gescheitert war, doch die Kämpfe gingen noch fast ein ganzes Jahr weiter. Ohne Erfolg. Einer nach dem anderen musste sich König Heinrich unterwerfen: der schottische König Wilhelm I., Heinrich der Jüngere, Graf Philipp I. von Flandern und am Ende auch der französische König Ludwig VII. Nur einer wollte sich nicht geschlagen geben: mein starrköpfiger, löwenherziger Richard! Trotzig versuchte der junge Herzog ganz allein mit seinem kleinen Heer, den mächtigen Truppen seines Vaters Widerstand zu leisten. Zum Glück sah auch er endlich ein, dass es keinen Sinn hatte, weiter gegen diese menschliche Festung anzurennen. Ende September 1174 warf er sich, unbewaffnet, dem König zu Füßen und bat ihn um Vergebung. Armer Richard, was muss das für ihn bedeutet haben! Sein Vater verzieh ihm, half ihm auf und gab ihm den Friedenskuss. Damit war die Revolte beendet.

Richard kehrte nach Poitiers zurück. Ich blieb bei ihm, doch er redete nicht viel mit mir. Ob er seine Mutter vermisste, seinen Vater noch mehr hasste, die Schmach, dem König zu Füßen gelegen zu haben, nicht verwinden konnte – er schwieg dazu. Eines Abends allerdings, nachdem ich für ihn gesungen hatte, sah Richard mich an und fragte: „Was denkst du, Blondel? Wer bin ich? Ein Krieger wie mein Vater? Oder ein Dichter wie die Troubadoure am Hof meiner Mutter? Kann ich beides sein? Soll ich den leichten, warmen Süden lieben oder den kühlen, rauen Norden? Ich weiß es nicht."

Ich dachte kurz nach. „Ihr seid beides", antwortete ich schließlich. „Denn so einfach, wie Ihr es seht, ist es nicht. Auch Euer Vater hält Dichter und Sänger an seinem Hof, und auch Eure Mutter hat Krieg geführt. So oder so, Ihr tragt beides in Euch."

„Dann muss ich mit beiden Seiten Frieden schließen", sagte Richard.

Im Frühling 1175 überkam mich das Reisefieber und Richard ließ mich ziehen. Was ich sah, als ich durch die Lande ritt, erschreckte mich: Im ganzen Reich ragten Ruinen auf, Zeugen für den Zorn des englischen Königs, der den Verrat und die Untreue seiner Untertanen gerächt hatte – Burg um Burg war seinem Grimm zum Opfer gefallen. Doch nicht nur Heinrichs Truppen zogen umher und brachten Zerstörung. Zu meinem großen Erstaunen erfuhr ich, dass auch mein Herzog Richard manch aquitanische Burg dem Erdboden gleichgemacht hatte. Er war doch selbst ein Rebell gewesen, und nun strafte er die Rebellen?! Auf Geheiß seines Vaters, den er hatte stürzen wollen?! Ja, in der Tat, so war es. Er hatte sich dem König unterworfen und nun musste er seinem Befehl gehorchen. Es ist schon eine seltsame Welt, in der die Mächtigen leben.

Mit dem Adelstitel HERZOG war im 12. Jh. meistens die Herrschaft über ein bestimmtes Gebiet eines größeren Reiches verbunden. Wörtlich ist ein Herzog derjenige, „der vor dem Heer zieht", also ein Heerführer. Dem entspricht das englische Wort *duke* und das französische *duc*. Beides leitet sich von dem lateinischen *dux*, Anführer, ab.

23

Wo immer ich in jenem Sommer zu Gast war – und ich wurde auf vielen Burgen und Rittergütern willkommen geheißen –, erzählte man sich von Richard. Nicht nur Gutes: Es hieß, er sei grausam gegen die Rebellen und hinterlasse eine Spur der Verwüstung. Ich mochte das nicht recht glauben, fragte mich aber, wie gut ich ihn wirklich kannte. Schon vor zwei Jahren hatte ihn König Ludwig zum Ritter geschlagen, aber benahm er sich immer ritterlich? Zum ersten Mal, seit ich ihm begegnet war, zweifelte ich an ihm. Umso mehr, als ich erfuhr, dass Richard auch den berühmten Troubadour Bertran de Born für die Teilnahme an der Rebellion gestraft hatte. Viele Troubadoure riefen in ihren Liedern zum Widerstand gegen König Heinrich und Herzog Richard auf. Ich beschloss, mich einstweilen von Richards Hof fernzuhalten.

BERTRAN DE BORN war ein aquitanischer Troubadour und Herr der Burg Autafort. Seine Ländereien wurden durch Richards Truppen mehrfach geplündert und verwüstet, die Burg schließlich eingenommen. Dennoch wechselte Bertran später in Richards Lager.

In einem jedoch waren sich alle einig: Richard war ein sehr begabter Feldherr und ein äußerst mutiger Krieger. Jetzt, wo er den Oberbefehl über die Truppen hatte, zeigte sich, wie viel er von Taktik und Strategie verstand, und dafür zollte ihm jeder die höchste Anerkennung. „Kein noch so steiler und schroffer Berg, kein noch so hochragender und uneinnehmbarer Turm konnten ihn aufhalten", hieß es über ihn. Und er war noch nicht einmal achtzehn Jahre alt! Ich sah ihn vor mir: in der ersten Schlachtreihe, nur leicht gepanzert, ohne Schild, ohne Helm, das Haar wehend wie eine lodernde Flamme, das Schwert emporgereckt. Wahrscheinlich gaben die meisten Gegner auf, bevor er den ersten Schwertstreich geführt hatte.

Trotzdem währte Richards Kampf gegen die aquitanischen Rebellen noch Jahre. Immer wieder erhoben sich Grafen und Barone und zwangen Richard, mit seinen Truppen anzurücken und zu zeigen, wer der Herr im Land war. Ich verfolgte das Geschehen nur aus der Ferne, hatte mich in die Picardie zurückbegeben, um mich um das Anwesen meines Vaters zu kümmern. Doch auch in meiner Heimat erzählte man sich von Richards kühnen Waffentaten. Besonderen Ruhm erwarb er sich mit der Erstürmung der Festung Taillebourg, einer mächtigen Burganlage auf einem Fels, der an drei Seiten steil abfiel und an der vierten Seite durch einen dreifachen Graben und eine dreifache Mauer geschützt war. Diese Burg galt als uneinnehmbar. Man hatte Richard verspottet, dass er überhaupt den Versuch unternahm, sie zu erobern. Richard belehrte die Spötter eines Besseren: Zunächst ließ er das Umland der Festung verwüsten, die Weingärten zerstören und die Dörfer niederbrennen. Dann ließ er schwere Belagerungsmaschinen auffahren und nahm die Burg unter Beschuss. Schließlich errichtete er sein Lager gleich unterhalb der Festungsmauern. Das war zu viel der Frechheit! Jetzt hatte er die Burgbesatzung so gereizt, dass sie es wagte, das Lager anzugreifen. Richards Falle schnappte zu, seine Truppen besiegten die Garnison. Am 10. Mai 1179 musste der Burgherr aufgeben. In nur drei Tagen hatte Richard die uneinnehmbare Festung Taillebourg erobert. Nun wagte niemand mehr, sich gegen ihn zu erheben. Richard war der unbestrittene Herrscher von Aquitanien.

Wenigstens für eine Weile. Im September 1180 starb der französische König Ludwig. Sein Sohn Philipp II. August wurde zum neuen König gekrönt. Er war erst fünfzehn Jahre alt, und es dauerte nicht lange, bis die ersten Untertanen rebellierten. Im Herbst 1181 hatten die Unruhen Aquitanien erreicht. Ich hörte, zwischen Richard und den Grafen von Angoulême sei es zu einem Machtkampf gekommen. Diese kleine Rangelei, die ich zunächst nicht so ernst nahm, entfachte einen wahren Flächenbrand: Schon bald befand sich wieder ganz Aquitanien in Aufruhr, und Richard musste seinen Vater und seine Brüder Heinrich und Gottfried zu Hilfe rufen, um der Lage Herr zu werden. Doch damit hatte er Öl ins Feuer gegossen! Heinrich der Jüngere, der den Thron erben sollte, witterte seine Chance, seinem Bruder das Herzogtum Aquitanien streitig zu machen, und zu Beginn des Jahres 1183 zog er tatsächlich gegen Richard zu Felde! Der kämpfte nun an mehreren Fronten, gegen seinen älteren Bruder, aber auch gegen den jungen französischen König Philipp, der sein Reich vergrößern wollte und dessen Truppen ab und zu in Aquitanien einfielen. Es schien ein langer, blutiger Krieg zu werden, und Richards Bruder wütete schrecklich, befahl gar, die Kathedrale von Limoges zu plündern, damit er sein Söldnerheer bezahlen konnte! Doch dann – war es die Strafe für sein gottloses Treiben? – erkrankte der junge Heinrich schwer; es war wohl die Ruhr, die ihn aufs Krankenlager warf. Er stand nicht wieder auf.

Der Chronist Ralph von Diceto bezeichnete Richards Angriff auf TAILLEBOURG als „ein höchst verzweifeltes Unterfangen". Aus strategischer Sicht blieb Richard jedoch kaum eine andere Wahl: Mit der Eroberung zerschlug er ein Bündnis zweier mächtiger Adliger. Hätte dieses Bündnis Bestand gehabt, wäre der Handel in weiten Teilen Aquitaniens zusammengebrochen.

Heinrich der Jüngere, Richards älterer Bruder, starb am 11. Juni 1183 im Alter von achtundzwanzig Jahren.

Würde Richard nun den Thron König Heinrichs erben? Nachdem ich eine Weile vergeblich auf eine entsprechende Nachricht gewartet hatte, beschloss ich, nach Poitiers zu reiten, um die Antwort von Richard selbst zu hören. Es fiel mir nicht ganz leicht, wieder auf Reisen zu gehen, denn ich hatte inzwischen meine geliebte Elisabeth geheiratet und war Vater geworden, aber schließlich siegte die Neugier und ich machte mich auf den Weg.

Ein stattlicher Mann war Richard jetzt! Sehr groß (er maß mehr als sechs Fuß!), schlank und überaus kräftig, noch kräftiger als vor acht Jahren. Oh ja, er hatte sich verändert, war reifer und erwachsener geworden durch die Schlachten, die er geschlagen hatte. Eines hingegen hatte er nicht verloren: seinen Zorn.

SECHS FUSS entsprechen etwa 1,83 Meter. Richard war 1,86 Meter groß. Damit lag er weit über dem damaligen Durchschnitt.

„Blondel", sagte er, als wir am Abend nach meiner Ankunft beim Wein zusammensaßen. „Stell dir das vor: Gerade komme ich von meinem Vater. Ich dachte, er wolle mich zum Thronfolger ernennen. Aber nein: Er hat nur verlangt, dass ich meinem Bruder Johann, diesem widerlichen kleinen Wiesel, mein Aquitanien gebe! Ist das nicht ungeheuerlich? Es ist das Erbe meiner Mutter! Ich habe jahrelang dafür gekämpft, es mit Zähnen und Klauen verteidigt! Und nun soll ich es Johann geben, nur weil unser Vater einen Narren an ihm gefressen hat?! Ich denke gar nicht daran! Am Ende wird dieses Frettchengesicht das ganze Reich erben, nur weil es Vaters Liebling ist! Bei Gottes Beinen, das werde ich zu verhindern wissen!"

Ich konnte Richards Wut verstehen. Was für eine Enttäuschung! Statt ihn zum neuen Thronfolger zu ernennen, hatte sein Vater das von Richard gefordert, was ihm am meisten am Herzen lag: Aquitanien. Ich konnte mir keinen Reim darauf machen. Wollte der König verhindern, dass Richard den Thron vorzeitig beanspruchte? Hatte er wieder einmal Angst, seine königliche Macht zu teilen? Nun, falls er gedacht hatte, er könne seine Söhne dadurch in die Schranken weisen, dass er sie über die Thronfolge im Unklaren ließ, dann hatte er sich gründlich geirrt.

„Por les gambes Dieu", „BEI GOTTES BEINEN", war Richards Lieblingsfluch. Mehrere Quellen zitieren ihn.

Im Scherz hatte Richard einmal gesagt, seine Familie stamme vom Teufel ab – bei dem, was sich nun ereignete, kamen mir Zweifel, ob es nicht etwa die Wahrheit sein könne. Die drei Söhne des Königs begannen, einander im Kampf um die Macht nach Kräften zu bekriegen. Gottfried fiel in Aquitanien ein und versuchte, es Richard mit Gewalt zu nehmen, scheiterte aber kläglich – die Barone standen geschlossen hinter ihrem Herzog und ließen sich nicht mehr gegen ihn aufbringen. Ich staunte, wie es Richard gelungen war, sie alle für sich zu gewinnen. Sogar Bertran de Born, der so bitterböse Lieder über ihn gedichtet und so verbissen gegen ihn gekämpft hatte, war nun sein treuer Gefolgsmann. Gegen dieses Bollwerk aus Baronen hatten Gottfrieds Söldner keine Chance. Richard antwortete auf den Angriff seines jüngeren Bruders, indem er Truppen in dessen Herrschaftsgebiet, die Bretagne, entsandte.

Was für ein Hin und Her! Es folgten unruhige Jahre, in denen sich Vater und Söhne über nichts einig wurden. In dieser Zeit war Richards Gesicht oft ernst, besorgt oder traurig. Doch eines Tages hatte er strahlend gute Laune.

„Ich muss dir etwas erzählen, Blondel", sagte er. „Über den großen Erfolg meines wieseligen kleinen Bruders Johann." Er lachte. „Mein Vater wollte ihm die Ehre erweisen, über unsere Besitzungen in Irland zu herrschen, und hat ihn dort hingeschickt, damit die irischen Könige ihm huldigen. Und Johann hat wieder einmal sein großes Geschick im Umgang mit Menschen bewiesen. Er hat den Königen gesagt, ihre langen Bärte seien albern und auch sonst wirkten sie etwas ungepflegt. Seltsamerweise wollten die irischen Könige ihn danach nicht mehr als obersten Lehnsherrn anerkennen, sondern haben ihn von der Insel gejagt. Verstehst du das, Blondel?" Er lachte so, dass ihm die Tränen kamen.

„Nein, mein Herr", antwortete ich schmunzelnd. „Johann hat doch wirklich alles richtig gemacht. Ganz vorbildlich. Besser kann man sich in einem fremden Land nicht benehmen."

„Nicht wahr?" Richard wischte sich die Lachtränen aus den Augenwinkeln. „Armer kleiner Bruder. Er wird auf ewig Johann Ohneland bleiben."

Doch obwohl Johann sich durch diesen kläglichen Auftritt nicht gerade als Thronfolger empfohlen hatte, konnte König Heinrich sich noch immer nicht dazu durchringen, Richard zu seinem Erben zu erklären.

Bereits im Jahr 1155 hatte der Papst den Auftrag erteilt, IRLAND zu erobern, da die irische Kirche reformiert werden müsse. 1171 reiste König Heinrich auf die Insel, um den Auftrag auszuführen. Angesichts seiner gewaltigen Armee erkannten die untereinander zerstrittenen irischen Könige die Oberlehnsherrschaft des englischen Königs widerstandslos an. Fortan übten normannische Siedler großen Einfluss auf das östliche Irland aus. Der Westen blieb weitgehend unabhängig.

27

Ein Jahr später, im Frühling 1186, bekam Richard eine Nachricht, die er ganz und gar nicht zum Lachen fand: Sein Bruder Gottfried hatte sich von seinem Vater losgesagt und war zum französischen König Philipp übergelaufen. Bald gab es Gerüchte, die beiden hätten ein Bündnis geschmiedet, gemeinsam die Normandie zu erobern. Wollten sie sich das Reich König Heinrichs aneignen? Drohte auch Aquitanien Gefahr? Richard war auf alles vorbereitet. Aber dann, im August jenes Jahres, kam eine Kunde, auf die er nicht gefasst war: Gottfried war bei einem Turnier gestürzt und unter die Hufe der Pferde geraten. Wenige Tage später war er seinen schweren Verletzungen erlegen.

Falls Richard um seinen Bruder trauerte, zeigte er es nicht. Die beiden hatten sich nie verstanden. Kein Wunder: Glatt wie Öl war Gottfried gewesen, ein Schmeichler und Heuchler, ein Mann des honigsüßen Wortes. Richard dagegen war durch und durch ein Mann der Tat.

Das allerdings war auch der junge französische König. Der beschloss, sein Vorhaben, das Reich König Heinrichs zu erobern, auch ohne Gottfried umzusetzen, und er besaß die ungeheuerliche Kühnheit, in Aquitanien einzufallen. Plötzlich hatten Richard, sein Vater und sein Bruder Johann einen gemeinsamen Feind. Und siehe da: Auf einmal hielt die Familie zusammen und stellte sich ihm, nahezu friedlich vereint, entschlossen entgegen. Ich traute meinen Augen nicht, als ich König Heinrich und seine beiden Söhne nebeneinander in einer Schlachtreihe sah! Doch so war es. Im Juni 1187 stand das Heer des englischen Königs, dem Richard und Johann angehörten, vor der Festung Châteauroux den Truppen des französischen Königs Philipp gegenüber.

Wahrlich, ich bin kein Feigling, aber beim Anblick von Philipps mächtigem Heer wurde mir doch etwas mulmig, obwohl ich diese Schlacht nur als Beobachter verfolgen würde – ich wagte es nicht, gegen meinen obersten Lehnsherrn zu kämpfen. Angespannt wartete ich auf den Befehl zum Angriff, während die Pferde ungeduldig schnaubten und mit den Hufen

scharrten. Doch der Befehl blieb aus. Ich weiß nicht, wie viele Stunden die Heere einander drohend gegenüberstanden, ohne dass sich irgendetwas bewegte. Fürchteten auch die Könige das schreckliche Blutbad, zu dem es sicher käme, wenn sie die Schlacht tatsächlich austragen würden? Zögerten sie, so viele Menschenleben aufs Spiel zu setzen? Der englische König war jetzt vierundfünfzig Jahre alt. Seit dreiunddreißig Jahren war er der Herrscher dieses Reiches. Nie zuvor hatte er eine Schlacht geführt, wie sie ihm hier bevorstand. Würde er sich jetzt dazu hinreißen lassen?

Es war ausgerechnet der jähzornige, hitzköpfige und stets kampfbereite Richard, der sich als Erster um Friedensverhandlungen bemühte und das Gespräch mit dem französischen König suchte. Das wiederum missfiel König Heinrich, der sich sogleich einmischte und um einen zweijährigen Waffenstillstand bat. Als Philipp sich einverstanden erklärte, wäre die Sache erledigt gewesen – doch nun lehnte König Heinrich den Waffenstillstand ab! Viele warfen Richard vor, er sei unentschlossen. Seit Châteauroux weiß ich, von wem er diesen Wesenszug hatte. Als König Philipp am nächsten Morgen sein Heer wieder Aufstellung nehmen ließ, bereute König Heinrich seinen Hochmut, und er tat etwas, das ich niemals erwartet hätte: Er fragte seinen Sohn Richard um Rat. Der war nicht minder überrascht als ich und antwortete seinem Vater: „Welchen Rat kann ich geben, nachdem Ihr gestern die Annahme des Waffenstillstands verweigert habt, um den Ihr gebeten hattet und der Euch gewährt wurde? Nun können wir nicht noch einmal um einen Waffenstillstand ersuchen, ohne Schande über uns zu bringen."

Als Richard sah, dass sein Vater weder ein noch aus wusste, bot er an, über seinen Schatten zu springen und, Schande oder nicht, den französischen König selbst noch einmal um einen Waffenstillstand zu bitten. König Heinrich stimmte zu, Richard verhandelte erneut, und beide Armeen zogen sich zurück. Richard hatte die Lage gerettet und ein furchtbares Gemetzel verhindert. Und ich hatte gelernt, dass der englische König schwach war und seinen starken Sohn Richard fürchtete. Richard, der Manns genug war, auch einmal auf eine Schlacht zu verzichten und die Waffen ruhen zu lassen. Ich bewunderte ihn für diesen Mut.

Zu meiner Verblüffung wollte Richard nicht gleich nach Poitiers zurückkehren, sondern mit König Philipp nach Paris reiten. Ich weiß nicht, ob er Philipp besser kennenlernen oder seinen Vater ärgern wollte – sicher ist, dass wir einige Wochen an Philipps Hof in Paris verbrachten.

König Philipp war damals fast zweiundzwanzig Jahre alt, acht Jahre jünger als Richard. Er war groß, kräftig und sah aus wie das blühende Leben, doch ich kenne keinen Menschen, der sich mehr Krankheiten einbilden konnte als er. Bei jedem Anflug von Kopfweh glaubte er zu sterben, und er war ständig besorgt, man könne versuchen, ihn zu vergiften. Ich bemühte mich, ihn mit meiner Musik aufzuheitern, doch er mochte Spielleute nicht besonders und konnte mit Musik nicht viel anfangen. Ich muss wohl nicht betonen, dass ich ihn nicht leiden konnte. Ich glaube nicht, dass es Richard anders ging, doch er riss sich zusammen und ertrug diesen Menschen mit viel Geduld – weil es ihm nützte, den französischen König zum Verbündeten zu haben. Er aß sogar mit Philipp aus einer Schüssel und schlief mit ihm in einem Bett.

Ich war heilfroh, als wir nach Poitiers zurückkehrten. Wenigstens hatte sich der Ausflug nach Paris gelohnt: Richards Vater hatte einen gehörigen Schreck bekommen. Er fürchtete, Richard könne, wie zuvor seine Brüder, zum französischen König überlaufen. Davon, dass Richard Aquitanien an Johann abtreten solle, war nun keine Rede mehr.

Friedliche Zeiten schienen anzubrechen. Doch im Oktober erschütterte eine Nachricht aus dem fernen Jerusalem das christliche Abendland: Sultan Saladin hatte die Heilige Stadt erobert und den christlichen König Guido von Lusignan gestürzt. Papst Urban III. war darüber so entsetzt, dass sein Herz aufhörte zu schlagen. Sein Nachfolger, Gregor VIII., war kaum im Amt, als er tat, was alle von ihm erwarteten: Er rief zum Kreuzzug auf.

Und Richard tat, was niemand von ihm erwartete: Einen Tag, nachdem er von dem Aufruf erfahren hatte, ritt er zum Erzbischof nach Tours und nahm das Kreuz. Während die mächtigen Herrscher Europas, Heinrich II. von England, Philipp II. von Frankreich und Kaiser Friedrich I. Barbarossa, noch zögerten, hatte Richard,

Der Chronist Roger von Howden berichtet, König Philipp und Richard hätten miteinander das LAGER GETEILT. Das bedeutet aber nicht, dass sie eine homosexuelle Beziehung hatten. Im Hochmittelalter war es üblich, dass Adlige einander auf diese Weise gegenseitiges Vertrauen bezeugten. Es war ein Zeichen der Freundschaft und der Wertschätzung. Ihre sexuelle Orientierung hatte damit nichts zu tun.

der Herzog von Aquitanien, seine Entscheidung getroffen und sich verpflichtet, an dem Kreuzzug teilzunehmen.

Warum er das tat? Darüber kann ich nur mutmaßen. Es mögen mehrere Gründe gewesen sein. Sicher lockte ihn der Ruhm – wenn er sich als Feldherr beweisen wollte (und das wollte er zweifellos), dann wäre die Rückeroberung Jerusalems eine Glanztat, die nie in Vergessenheit geraten würde. Zudem spürte ich, dass er allmählich die Geduld verlor und nicht länger darauf warten wollte, dass ihn sein Vater endlich zum Thronfolger ernannte. Ich glaube, er wollte das zähe Ringen mit seinem Vater für eine Weile hinter sich lassen. Und nicht zuletzt denke ich, dass ihm die heilige Sache ein ernstes Anliegen war.

Für mich stellte sich nun die Frage, ob ich Richard begleiten sollte. Wollte ich mich den Gefahren dieser langen Reise aussetzen? Den wütenden, stürmischen, tückischen Meeren? Den kühnen Kriegern der Sarazenen? Hunger, Durst, Hitze und Kälte? Krankheiten, gegen die es kein Heilmittel gab? Ich wusste nicht, ob ich es wollte. Aber ich beschloss, es zu tun.

Im Abendland nannte man die Muslime „SARAZENEN".

Richard hatte als erster Fürst nördlich der Alpen das Kreuz genommen. Sein Vater rang sich erst zu Beginn des folgenden Jahres dazu durch, nach Outremer zu ziehen, ebenso wie König Philipp. Etwas später entschied auch Friedrich Barbarossa, der Kaiser des Heiligen Römischen Reiches, sich dem Unternehmen anzuschließen. Doch zu Richards Kummer und Verdruss nahm einer nicht das Kreuz: Prinz Johann. Konnte Richard es wagen, Aquitanien jetzt den Rücken zu kehren? Hieß das, Johann brauchte einfach nur zuzugreifen und sich zu nehmen, was er haben wollte?

OUTREMER bedeutet „jenseits des Meeres" oder „Übersee". So nannte man im Mittelalter die vier Kreuzfahrerstaaten im Heiligen Land: Edessa, Antiochia, Tripolis und das Königreich Jerusalem.

Richard musste diese Fragen nicht beantworten, denn unsere Abreise verzögerte sich ohnehin: Wieder einmal brachen in Aquitanien Unruhen aus. Den größten Teil des Jahres 1188 verbrachte Richard damit, sie niederzuschlagen. Er eroberte Festung um Festung, kämpfte auch gegen die Truppen König Philipps, die erneut in Aquitanien eingefallen waren. Ein feiner neuer Freund, dieser Philipp; ich hatte es ja gleich gewusst! König Heinrich unterstützte seinen Sohn Richard, schickte Truppen gegen den französischen König. Bis zum Herbst tobte der Krieg. Endlich waren die Könige zu Friedensverhandlungen bereit – sie mussten eine Regelung finden, denn sie konnten den Kreuzzug nicht immer weiter verschieben. Also kamen sie in Bonsmoulins zusammen. Es war ein trüber, finsterer Tag mitten im November, und trüb und finster war auch die Stimmung.

Anfangs redeten alle noch ruhig und gesittet miteinander. Am zweiten Verhandlungstag wurde der Ton auf beiden Seiten schärfer. Am dritten Tag wurden

Am 29. Oktober 1187, knapp einen Monat nach der Eroberung Jerusalems durch Sultan Saladin, rief PAPST GREGOR VIII. zum dritten Kreuzzug auf. Sieben Wochen später starb er an einem Fieber.

alle drei laut und wütend, stritten so heftig, dass ich mehrfach unwillkürlich den Griff meines Schwertes fasste. Den anderen Edelleuten, die das Geschehen verfolgten, ging es nicht anders; auch sie schienen bereit, zu den Waffen zu greifen. Zum Glück floss kein Blut. An diesem Tag wurde nur mit Worten gefochten.

Richard und Philipp feilschten um Ländereien, Lehen und Einkünfte und waren sich beinahe einig, saßen bald Schulter an Schulter, was König Heinrich sichtlich missfiel. Dann stellte Philipp zwei letzte Bedingungen: Richard sollte endlich Philipps Schwester Alice heiraten (schon vor vielen Jahren hatte König Heinrich versprochen, dass einer seiner Söhne Alice ehelichen werde, aber nie einen Sohn benannt) und Heinrichs Barone sollten Richard einen Treueid schwören und ihn damit als Thronfolger anerkennen. Mein Herz schlug schneller, während König Heinrich darüber nachdachte. Würde er jetzt endlich aussprechen, worauf Richard

so lange gewartet hatte? Seinen Sohn für dessen unermüdlichen Einsatz belohnen? Nein. Heinrich lehnte Philipps Bedingungen ab. Niemand im Saal wagte zu atmen. Dann sah Richard den König an und fragte: „Was ist, Vater? Erkennt Ihr mich als den Erben Eures Thrones an?"

Wäre ein Sandkorn im Raum zu Boden gefallen, man hätte es gehört. Doch es blieb so still wie der Grund des Ozeans. Der König gab keine Antwort.

Richard war das Antwort genug. „Nun endlich", sagte er leise, „muss ich glauben, was ich bisher für unmöglich hielt."

Ohne seinen Vater eines weiteren Blickes zu würdigen, wandte sich Richard König Philipp zu, ließ sich auf ein Knie nieder und huldigte ihm für Aquitanien, die Normandie, Anjou, Maine und seine jüngsten Eroberungen. Dann schwor er Philipp, ihm gegen alle Feinde beizustehen. Richard und Philipp hatten sich geeinigt: Richard durfte seine Eroberungen behalten und Philipp gab ihm zurück, was er in diesem Krieg erobert hatte; dafür hatte Richard den französischen König als obersten Lehnsherrn anerkannt. Mit diesem Huldigungsakt hatte er sich selbst zum englischen Thronfolger ernannt. Sein Vater konnte alldem nur fassungslos zuschauen.

In Bonsmoulins hatte Richard mit seinem Vater gebrochen. Für immer. Ich wusste, dass ihm das nicht leichtgefallen war, aber was hätte er tun sollen? Er war es leid, dass ihn sein Vater wie einen dummen kleinen Jungen behandelte. Warum hatte König Heinrich es nicht über sich bringen können, diesen einen Satz zu sagen, den sein Sohn so gern aus seinem Mund gehört hätte? Hiermit ernenne ich dich zum Erben meines Thrones. Weil sich der Vater noch immer vor seinem Sohn fürchtete, obwohl er ihm treu gedient hatte? Nun, jetzt war es zu spät. König Heinrich hatte den dritten Sohn verloren.

Ein halbes Jahr schwiegen die Waffen. Es hieß, König Heinrich sei schwer krank. Dann, Ende Mai 1189, weigerte sich der alte König erneut, Richard als Thronerben anzuerkennen, und er schlug vor, Johann solle Alice, die Schwester König Philipps, zur Frau nehmen. Was zu viel ist, ist zu viel, oder? Lange hatte er gewartet und gehofft, doch nun war Richards Geduld am Ende. Zusammen mit Philipp zog er gegen seinen Vater zu Felde. König Heinrich verschanzte sich in Le Mans. Richard

Die Festlandsgebiete des Angevinischen Reiches hatte König Heinrich vom französischen König nur „geliehen", zu Lehen bekommen. Mit der HULDIGUNG erkannte Richard König Philipp als seinen obersten Lehnsherrn an und gelobte ihm Treue und Gefolgschaft. England war zwar von diesem Lehnsverhältnis ausgenommen, die Huldigung für die Festlandsgebiete legte aber nahe, dass der Lehnsmann auch König von England sein würde.

und Philipp griffen die Stadt an. Heinrich ergriff die Flucht. Richard nahm die Verfolgung auf.

Wir ritten in scharfem Galopp, gönnten uns kaum eine Pause. Nachdem wir den alten König durch das halbe Reich gehetzt hatten – so jedenfalls schien es mir –, holten wir endlich die Nachhut seiner Truppen ein. Es war ein heißer Tag Ende Juni, und die Luft war staubig von den donnernden Hufen der Schlachtrösser. Plötzlich wendete einer der Ritter des Königs sein Pferd und hielt auf uns zu, die Lanze auf Richard gerichtet. Trotz der Hitze gefror mir das Blut in den Adern, als ich das Gesicht unter der Panzerkapuze erkannte: Der stattliche Ritter war Wilhelm der Marschall, ein kühner Krieger, der beste Lanzenkämpfer des Reiches. Zahllose Turniere hatte er bestritten, doch niemand hatte ihn je besiegt. Jetzt zeigte die Spitze seiner Lanze auf Richards ungepanzerte Brust – wegen der Hitze und des langen Ritts trug mein Herr keine Rüstung. Richard zügelte sein Pferd. Ich sah, dass er blass geworden war.

„Bei Gottes Beinen", sagte Richard, „tötet mich nicht, Marschall. Das wäre unrecht, ich bin unbewaffnet."

Der Ritter musterte ihn kühl und geringschätzig.

„Nein", sagte er endlich, „soll der Teufel Euch töten. Ich werde es nicht tun."

Damit stieß er seine Lanze in Richards Pferd, das tot zusammenbrach. Gerade noch rechtzeitig konnte Richard aus dem Sattel springen, um nicht unter dem schweren Ross begraben zu werden. Wilhelm der Marschall hatte Richards Leben geschont. Doch König Heinrich war entkommen, geflohen auf die Burg Chinon.

Geschlagen war er trotzdem. Richard und Philipp eroberten immer mehr Teile seines Reiches. Am 4. Juli war es so weit: König Heinrich musste Richards Bedingungen annehmen. Er befahl seinen Vasallen, Richard als Thronfolger anzuerkennen. Ein später, aber bitterer Sieg für Richard, und es war ein schmerzlicher Anblick, als der todkranke Vater dem Sohn den Friedenskuss gab, der, wie ich deutlich erkannte, nicht von Herzen kam. Richard sagte mir später, sein Vater habe ihm dabei ins Ohr geflüstert, er bete zu Gott, ihn nicht sterben zu lassen, bevor er nicht Rache genommen habe.

Das Gebet wurde nicht erhört. Nur zwei Tage später lag der alte König im Sterben. Fast alle Gefolgsleute hatten sich von ihm abgewandt, waren zu Richard übergelaufen. Sogar Prinz Johann. Als König Heinrich erfuhr, dass ihn auch sein Lieblingssohn, dem er nur zu gern den Thron vermacht hätte, im Stich gelassen hatte, verließen ihn die letzten Kräfte. Am 6. Juli 1189 starb König Heinrich in Chinon. Nun war Richard der König von England.

Die Reise ins Heilige Land
1189 bis 1191

Es war sehr still in der Abteikirche von Fontevrault. Keiner der Trauernden ließ auch nur das kleinste Räuspern hören. Richard stand an der Bahre seines toten Vaters. Ich ahnte, welche Kämpfe in ihm tobten, doch sein Gesicht verriet keine Regung, es schien so steinern wie das einer Grabfigur. Nachdem er eine Weile stumm neben der Bahre verharrt hatte, kniete er nieder und sprach ein Gebet. Dann stand er auf, wandte sich ab und ging zu den Getreuen seines Vaters, die ebenfalls in der Kirche Andacht hielten. Unter ihnen war auch Wilhelm der Marschall. Er hatte Richard sogleich einen Eilboten geschickt, um ihm die Kunde zu übermitteln, dass sein Vater gestorben war. Kaum hatte ihn die Nachricht erreicht, war Richard aufgebrochen, um Abschied zu nehmen.

Jetzt standen sich Wilhelm und Richard in der Kirche gegenüber. Noch immer ließ Richards Miene nicht darauf schließen, was in ihm vorging. Keine vier Wochen war es her, dass Wilhelm seine Lanze auf Richards Brust gerichtet hatte, um König

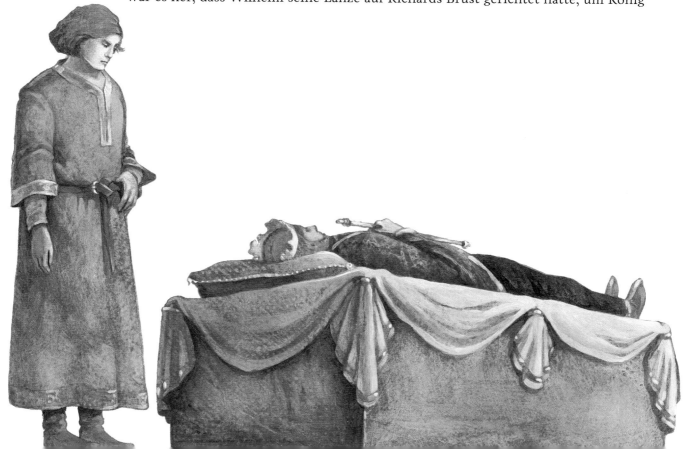

Heinrich die Flucht zu ermöglichen. Nun stand der kühne Ritter aufrecht da und trotzte dem kühlen Blick des künftigen Königs, doch es war deutlich, dass diesmal er derjenige war, der Angst hatte. Was würde mit ihm geschehen? Würde Richard ihn bestrafen, vielleicht sogar hinrichten lassen?

„Marschall", sagte Richard mit fester Stimme, „neulich wolltet Ihr mich töten, und ich wäre ohne Zweifel jetzt tot, wenn ich Eure Lanze nicht mit dem Arm abgewehrt hätte. Das war ein schlimmer Tag für Euch."

Ich staunte über Richards Worte, denn so war es nicht gewesen. Offenbar wollte er Wilhelm reizen, ihn bei seiner ritterlichen Ehre packen. Er wollte sehen, wie mutig Wilhelm wirklich war, auch abseits des Schlachtfelds und des Turnierplatzes.

„Herr, ich hatte nicht die Absicht, Euch zu töten", erwiderte Wilhelm, sichtlich entschlossen, sich nicht einschüchtern zu lassen. „Wenn ich es gewollt hätte, so hätte ich die Lanze in Euren Leib gestoßen, wie ich sie dann in den Leib Eures Pferdes stieß. Dass ich es getötet habe, halte ich nicht für falsch und bereue es auch nicht."

Einen bangen Augenblick fürchtete ich, damit sei Wilhelm zu weit gegangen, und auch die Umstehenden hielten den Atem an. Doch Richard nickte Wilhelm anerkennend zu.

„Marschall", sagte er, „ich vergebe Euch. Nie werde ich Euch deshalb zürnen."

Wilhelm der Marschall hatte Richards Prüfung bestanden, sich als wirklich tapferer Mann erwiesen, der sich mit Worten wie mit Taten zu wehren wusste und der auch in Bedrängnis noch Haltung bewies. Dadurch, dass Richard ihm verzieh, gewann er einen treuen Gefolgsmann, der ihm von nun an ergeben diente. Wie mit Wilhelm dem Marschall hielt es Richard auch mit den anderen Getreuen seines Vaters: Wer bis zuletzt an der Seite des alten Königs gestanden hatte, wurde reich belohnt und in Richards Dienste aufgenommen. Wer hingegen König Heinrich im Stich gelassen und zu Richard übergelaufen war, wurde mit Enteignung bestraft. Richard schätzte Männer, die in jeder Lage treu zu ihrem Herrn standen, während er die Verräter verachtete. Ich denke, er hatte recht: Ein König braucht Leute, auf die er sich verlassen kann, keine Feiglinge, die ihr Fähnchen in den Wind hängen.

Nach der Beerdigung König Heinrichs schickte Richard Wilhelm den Marschall nach England. Er sollte dafür sorgen, dass Richards Mutter Eleonore nach nunmehr fünfzehn Jahren Gefangenschaft aus der Haft entlassen wurde, damit sie die Krönung vorbereiten konnte.

Und wahrlich, obwohl sie mittlerweile fast siebzig Jahre zählte, leistete die Königin ganze Arbeit. Unermüdlich reiste Eleonore durch England und sorgte für Ordnung. Dabei machte sie auch manche Maßnahme König Heinrichs rückgängig, die das Volk als hart und ungerecht empfand. So hatte Heinrich etwa die Forstgesetze verschärft und Wilderei gnadenlos bestraft. Hatte jemand, weil er Not und Hunger litt, in einem königlichen Jagdgebiet ein Reh geschossen, eine Forelle gefangen oder auch nur Holz oder Pilze gesammelt, war er im Gefängnis gelandet. Denn alles, was sich in einem königlichen Forst befand, gehörte nun einmal dem König, und Richards Vater war sehr darauf bedacht gewesen, sein Eigentum zu schützen, auch wenn er unmöglich sämtliche Rehe, Kaninchen und Wildschweine in seinen Wäldern selbst jagen konnte. Eleonore ließ nun die gefangenen Wilderer frei. Auch viele Güter, die Heinrich enteignet hatte, gab sie zurück. Die Engländer sahen, dass die strenge Herrschaft König Heinrichs ein Ende hatte, und sie freuten sich auf ihren neuen König Richard. Er werde, so glaubten sie, milder regieren als sein Vater.

Entsprechend groß war der Jubel, der Richard empfing, als er am 13. August 1189 in Portsmouth englischen Boden betrat. Einen der unbeliebtesten Diener des alten Königs, den Seneschall von Anjou, ließ er in Ketten mitführen, um zu beweisen, dass neue Zeiten angebrochen waren. Und er schickte Spielleute aus, die verbreiten sollten, Richard sei im Besitz von Excalibur, dem legendären Schwert des großen König Artus! Ah, man kann auch übertreiben. Aber das Volk war hellauf begeistert. Die Klagelieder auf König Heinrich wurden zu Willkommensliedern für Richard umgedichtet. Wo immer er sich zeigte, feierten ihn die Menschen. Ob ihm das gefiel? Allerdings! Er genoss es in vollen Zügen. Ich hatte ihn noch nie so zufrieden gesehen. Nun, ich fürchte, Bescheidenheit gehörte nicht zu Richards größten Tugenden.

Im Mittelalter trugen Männer ein Hemd und eine KNIEHOSE (auf Mittelhochdeutsch *bruoch* oder *bruech* genannt) aus Leinen oder feiner Wolle als „Unterwäsche". Die Hose war entweder weit geschnitten, ähnlich wie Boxershorts, oder sie lag enger am Bein an, fast so wie Radlerhosen. An dem Gürtel, der diese Hose hielt, befestigte man mithilfe von Bändern auch die „Beinkleider", die einzelnen Hosenbeine.

Am 3. September, fünf Tage, bevor er zweiunddreißig Jahre alt wurde, war endlich der Tag gekommen, auf den Richard so lange gewartet hatte: Er wurde zum König von England gekrönt. Ganz London erstrahlte in festlichem Glanz, und die Straßen waren voll von jubelnden Menschen, als Richard in feierlicher Prozession zur Abteikirche von Westminster zog. Die höchsten weltlichen und geistlichen Würdenträger des Reiches waren zugegen, um an der Zeremonie teilzunehmen, und das Innere der mächtigen Kirche war auf das Prächtigste mit Bändern und Kerzen geschmückt. Richard selbst hingegen musste seine schönen Gewänder zunächst einmal ablegen; er wurde entkleidet, bis er nur noch ein schlichtes Hemd und die Kniehose trug. Sicher hatte er zuvor gefastet und die Nacht im Gebet verbracht, so, wie es üblich ist, bevor man zum Ritter geschlagen wird. Wie ein Büßer stand er jetzt da, als der Erzbischof von Canterbury ihm mit geweihtem Öl Kopf, Brust und Hände salbte. Danach war es so weit: Man kleidete Richard in königliche Roben und er erhielt Schwert, Sporen und Mantel. Dann nahm Richard die Krone vom Altar und reichte sie dem Erzbischof, der sie ihm auf den Kopf setzte. Schließlich bestieg Richard den Thron, der in der Nähe des Altars stand, und verfolgte von dort aus die heilige Messe. Was für ein Anblick! Mein Richard in königlichen Prunkgewändern, stolz und aufrecht auf dem Thron, die funkelnde Krone auf dem Kopf. Ich konnte es gar nicht glauben.

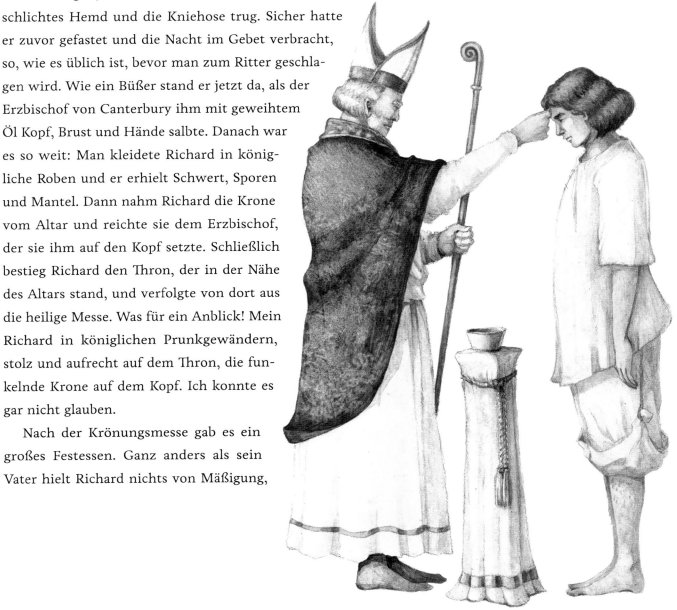

Nach der Krönungsmesse gab es ein großes Festessen. Ganz anders als sein Vater hielt Richard nichts von Mäßigung,

Die mittelalterliche Kirche benannte sieben besonders schlechte Eigenschaften, die sog. KARDINALLASTER, die den Menschen zu schweren Sünden verleiten konnten: Hochmut, Zorn, Neid, Trägheit, Geiz, Völlerei und Wollust. Dem stehen die sieben Kardinaltugenden gegenüber: Tapferkeit, Klugheit, Mäßigung, Gerechtigkeit, Glaube, Liebe und Hoffnung.

und Geiz war für ihn völlig zu recht eines der sieben Kardinallaster (die Sünde der Völlerei fürchtete er weniger). So hatte er auch bei diesem Fest nicht gespart: Fast zweitausend Krüge, neunhundert Kelche und über fünftausend Teller hatte er bereitstellen lassen, üppig gefüllt mit einer Vielzahl von Köstlichkeiten.

Es gab – ich erinnere mich genau! – Kapaun in Ingwersauce, Fasanenpastete, Wildschweinbraten, scharf gewürztes Spanferkel, Tauben und Wachteln, außerdem allerlei Kuchen und Süßspeisen und natürlich den allerbesten Wein. Wir feierten sehr vergnügt und lachten viel, besonders über die Geschichte, die ein anderer Spielmann erzählte: Richard hatte Wilhelm dem Marschall bei ihrer Begegnung in Fontevrault die Hand einer reichen Erbin versprochen. Wilhelm hatte es daraufhin so eilig gehabt, nach England zu kommen und das Mädchen zu heiraten, dass er, als er an Bord des Schiffes gehen wollte, von der Laufplanke ins Wasser gefallen war!

Leider endete das fröhliche Fest mit einer schrecklichen Meldung: Einige Londoner Juden hatten Richard Geschenke bringen wollen, doch man hatte ihnen den Zugang zum Palast verwehrt. Christen waren auf sie losgegangen, weil sie meinten, der Aufruf zum Kreuzzug bedeute, sie müssten auch hier in England jeden erschlagen, der nicht dem christlichen

Glauben anhing. Aus dem Handgemenge wurde ein Tumult, der sich über halb London ausbreitete. In jener Nacht wurden viele Juden getötet, ihre Häuser geplündert und niedergebrannt. Es war barbarisch. Richard kochte vor Wut, als er davon erfuhr. Der Mord an englischen Juden hatte seiner Ansicht nach nichts mit dem Kreuzzugsgedanken zu tun.

Knapp zwei Jahre war es nun her, dass Richard das Kreuz genommen hatte. Höchste Zeit, fand er, das Gelübde zu erfüllen. Gleich nach der Krönung begann er, den Kreuzzug vorzubereiten. Was gab es alles zu bedenken! Tag und Nacht saß Richard da und grübelte, erstellte Listen, überlegte, was er auf diese Reise mitnehmen musste, und rechnete aus, wie viel die ganze Unternehmung kosten würde.

„Blondel", sagte er eines Morgens, als er wieder einmal über einer Liste brütete, dunkle Schatten unter den Augen nach einer schlaflosen Nacht, „ich denke, wir müssen eine Flotte zusammenstellen. Zwei Kreuzzüge hat es schon gegeben, und beide Male sind die Truppen auf dem Landweg nach Outremer gezogen. Dabei haben sie große Verluste erlitten. Ich möchte nicht, dass wir schon in Kleinasien gegen die Seldschuken kämpfen müssen und dort unsere Kräfte verschwenden, die wir doch für den Kampf um Jerusalem brauchen. Deshalb habe ich entschieden, dass wir mit Schiffen ins Heilige Land reisen. Die können wir randvoll beladen mit gut ausgebildeten Kriegern, Schlachtrössern und ordentlicher Ausrüstung. Für einen langen Maultiertross ist die Reise zu weit und die Aufgabe zu groß. Die Flotte kann uns außerdem vor Ort unterstützen und versorgen. Was hältst du davon?"

„Ich finde Euren Plan ganz wunderbar, mein König", erwiderte ich, „wenn Ihr ihn denn bezahlen könnt."

„Ein guter Einwand", seufzte Richard. „Allein die Schiffe werden ein Vermögen kosten. Waffen, Rüstungen, Belagerungsmaschinen, Pferde, Lebensmittel – all das kommt noch hinzu. Die Kreuzzugssteuer, die mein Vater vor zwei Jahren eingeführt hat, deckt das nicht ab. Aber ich weiß, wie ich das Geld auftreiben kann: Ich werde die wichtigsten Würdenträger meines Reiches ihres Amtes entheben. Wer wieder Kanzler sein will oder Erzbischof oder Abt oder Baron oder Sheriff, der soll eben dafür zahlen! Wie findest du das, Blondel?"

Während der Kreuzzüge kam es in ganz Europa immer wieder zu ÜBERGRIFFEN AUF DIE JÜDISCHE BEVÖLKERUNG. Die Christen meinten, sie handelten im Sinne der Kirche, wenn sie die „Ungläubigen" umbrächten. In der nordenglischen Stadt York kam es im März 1190 zu einem furchtbaren Massaker, bei dem mehrere Hundert Juden getötet wurden. Richard von Devizes, einer der Chronisten, die über König Richard schrieben, ist der Erste, der den Mord an den Juden als „Holocaust" (griech. *holókauston* = „vollständig verbrannt") bezeichnet.

"Solange Ihr keine Sonderabgabe dafür verlangt, dass man Trouvère oder Troubadour sein darf, bin ich einverstanden", antwortete ich halb im Scherz, aber auch etwas beunruhigt, denn schließlich war auch ich der Inhaber eines Lehens und hoffte, dass mein Lehnsherr König Philipp nicht ähnliche Überlegungen anstellte.

"Sei unbesorgt", sagte Richard lachend, "dir werde ich kein Geld abnehmen. Du wirst deinen Beitrag in Liedern abzahlen. Und nun lass mich bitte allein, ich muss ein wenig rechnen. Halt, eins noch: Was denkst du, wie viele Hufeisen werden wir brauchen? Sind fünfzigtausend wohl genug?"

Ich war heilfroh, dass ich derlei Überlegungen dem König und seinen Beratern überlassen konnte. Auch mit der nun folgenden Musterung hatte ich zum Glück nichts zu tun. Der König legte großen Wert darauf, dass seine Truppen nur aus erfahrenen, gut gerüsteten Kriegern bestanden; er wollte auf keinen Fall mit einem Bauernheer losziehen, das mit rostigen Mistgabeln kämpfte. Und so schickte er manchen eifrigen, aber ungeeigneten Freiwilligen wieder nach Hause. Trotzdem ließ er Spielleute durchs Land reisen und Kreuzzugslieder singen, um Soldaten anzuwerben, in der Hoffnung, dass sich auch fähige Leute daraufhin meldeten.

Der Ämterhandel spülte reichlich Geld in die Kriegskasse. Manche maulten und verglichen den König mit einem Räuber, der sich die Taschen vollstopfe. Richard

Schon König Heinrich II. hatte eine Steuer zur Finanzierung des Kreuzzugs eingeführt, den sog. SALADINZEHNTEN. Für die meisten steuerpflichtigen Untertanen war das eine ungeheure finanzielle Belastung.

spottete darüber und sagte, er hätte sogar London verkauft, hätte er einen Käufer dafür finden können. Alles in allem gingen die Vorbereitungen für den Kreuzzug aber zügig und reibungslos voran, und die meisten Amtsträger waren bereit und in der Lage, für ihre Ämter wahrhaft fürstliche Summen zu entrichten.

Nun musste Richard noch dafür sorgen, dass sein Bruder Johann und sein Halbbruder Gottfried – nicht sein jüngerer Bruder Gottfried, der tödlich verunglückt war – ihm nicht in seiner Abwesenheit den Thron streitig machten. Beiden nahm er den Eid ab, drei Jahre lang keinen Fuß auf englischen Boden zu setzen. Würden sie sich an diesen Eid gebunden fühlen? Ich hatte meine Zweifel. Aber was sollte Richard sonst tun? Er konnte sie ja nicht zwingen, ihn auf den Kreuzzug zu begleiten. Er konnte nur hoffen, dass seine Mutter die beiden in Schach halten würde.

Endlich war alles so weit geregelt, dass wir aufbrechen konnten. Während die mächtige Flotte an der französischen Küste entlang segeln würde, wollte Richard selbst bis Marseille den Landweg nehmen, um unterwegs mit König Philipp zusammenzutreffen und mit ihm gemeinsam in Vézelay die Pilgerfahrt zu beginnen. Es war ein kalter, grauer Tag mitten im Dezember, als wir in Dover an Bord eines Schiffes gingen, das uns nach Calais bringen sollte. Ich war sehr aufgeregt und neugierig auf das Heilige Land, von dem ich nun schon so viel gehört hatte; auf der

Viele KREUZZUGSLIEDER, die für eine Teilnahme an der „bewaffneten Pilgerfahrt" werben, sind überliefert, allerdings keines von Blondel de Nesle. Ein anderer Weg, Menschen für den Kreuzzug zu begeistern, war der Aufruf durch Prediger. Die schreckten vor nichts zurück: Sie zeigten Bilder, auf denen zu sehen war, wie ein sarazenischer Ritter auf dem Grab Jesu herumtrampelte. So schürten sie gezielt den Hass auf die „Ungläubigen".

Krönungsfeier hatten mir andere Spielleute und Pilger davon erzählt. Den Gedanken, dass ich dort kämpfen sollte, schob ich einstweilen beiseite. Während der kalte Wind über die dunkle Nordsee peitschte, stand ich an der Reling und träumte von den sonnigen Ländern am blauen Mittelmeer.

Leider musste ich mich noch eine Weile gedulden, bis ich diese Länder zu sehen bekam. Eigentlich hatten wir im April 1190 aufbrechen wollen, doch es gab auch hier auf dem Festland noch einiges vorzubereiten und zu regeln, damit alles friedlich blieb, während der König fort war, und so verzögerte sich unsere Abreise. Im März traf den französischen König Philipp ein plötzlicher Schicksalsschlag: Seine Frau Isabella starb im Kindbett. Vier Tage später starben auch die Zwillinge, die sie geboren hatte. Philipp war in tiefer Trauer, und er und Richard beschlossen, die Abreise auf den 24. Juni, den Tag des heiligen Johannes, zu verschieben.

In der Literatur zu Richard Löwenherz findet sich oft der Vorwurf, die MASSNAHMEN ZUM SCHUTZ SEINES REICHES während seiner Abwesenheit seien unzulänglich gewesen. Das stimmt nicht: Seine Statthalter haben es gut verwaltet und verteidigt. Drei Jahre lang gab es keine Gebietsverluste. Hätte sich Richards Heimreise nicht verzögert, wäre er in ein intaktes Reich zurückgekehrt.

Bald darauf nahm Richard mich beiseite. Er tat sehr geheimnisvoll.

„Blondel", sagte er leise, „was ich dir jetzt erzähle, musst du unter allen Umständen für dich behalten. Versprichst du mir das?"

„Selbstverständlich, mein König", antwortete ich und war sehr gespannt, was nun kam.

„Ich werde im Mai nach Navarra reisen und mit König Sancho verhandeln", sagte Richard. „Ich will seine Tochter Berengaria heiraten. Ich hoffe, der König ist einverstanden."

Was für ein kühner Plan! Ich erinnerte mich: Vor sehr langer Zeit hatte Richard mir von Berengaria erzählt und mir Lieder gezeigt, die er für sie gedichtet hatte. Sie waren nicht besonders gut – es waren eben Lieder, wie junge Männer sie für Mädchen schreiben, in die sie sehr verliebt sind. Offenbar war es ihm ernster, als ich damals gedacht hatte.

„Aber ... Herr", wandte ich ein, nachdem ich mich von der Überraschung erholt hatte, „Ihr seid doch mit Philipps Schwester Alice verlobt! Wollt Ihr diese Verbindung aufkündigen?"

„Noch nicht. Vor dem Kreuzzug darf Philipp kein Wort davon erfahren. Verstehst du, Blondel?"

Ja, allerdings, ich verstand: Richard wollte sein Reich, vor allem Aquitanien, vor Angriffen aus dem Süden schützen. Er wollte die Grenze zu Navarra sichern, indem er die Tochter des navarresischen Königs heiratete. Dafür wollte er die Verlobung mit der Schwester des französischen Königs lösen, die sein Vater für ihn geschlossen hatte. Doch das wollte er erst tun, wenn sie beide, Richard und Philipp, weit weg waren, im Heiligen Land, denn von dort aus konnte Philipp nicht in Richards Reich einfallen. Aber was, wenn sie zurück waren? Philipp würde rasen vor Wut, und er würde einen Krieg beginnen. Mir war nicht wohl bei Richards Entscheidung.

„Ihr geht ein großes Wagnis ein, Herr", sagte ich. „Seid Ihr Euch sicher, dass es ein guter Tausch ist?"

„Mit Philipp werde ich schon fertig", sagte Richard entschlossen. „Wir werden sehen, wer als der mächtigere König vom Kreuzzug zurückkehrt. Philipp hat mir gegenüber bereits sein Wort gebrochen und ist in Aquitanien eingefallen. Da fühle ich mich auch nicht an mein Wort gebunden, zumal es im Grunde das Wort meines Vaters war. Und im Übrigen, mein lieber Blondel: Würdest du eine Frau zur Gemahlin nehmen wollen, die deinem Vater ein Kind geboren hat?"

Ich verneinte. Ich kannte die Gerüchte, König Heinrich habe Alice, die sich in seiner Obhut befand, zu seiner Geliebten gemacht. Trotzdem – ich sah der Zeit nach dem Kreuzzug schon jetzt mit Sorge entgegen.

Kaum jemand wusste von Richards nun folgender Reise. Ich begleitete ihn nicht, hörte nur, er habe einen Burgherrn in der Gascogne, der Pilger nach Santiago de Compostela überfallen und ausgeraubt hatte, hinrichten lassen. Sonst erfuhr man nichts darüber, was Richard in jener Zeit im Süden seines Reiches tat. Mitte Juni war er zurück. Er sprach es nicht aus, aber ich konnte ihm ansehen, dass er bekommen hatte, was er wollte.

In Chinon brachte Richard die Kreuzzugsvorbereitungen zum Abschluss. Unter anderem verfügte er, wie mit Seeleuten zu verfahren sei, die an Bord seiner Schiffe Verbrechen begingen: Jeder Mörder sollte an den von ihm Getöteten gebunden und entweder mit seinem Opfer zusammen ins Meer geworfen oder mit ihm begraben

Zweifellos spielten strategische Erwägungen bei Richards Verlobung mit BERENGARIA VON NAVARRA eine wichtige Rolle. Seine Rechnung, die Südgrenze seines Reiches dadurch zu sichern, dass er König Sancho von Navarra zu seinem Schwiegervater und damit zum treuen Verbündeten machte, ging tatsächlich auf. Dennoch scheint Richard zumindest anfangs auch wirklich in Berengaria verliebt gewesen zu sein: Es heißt, die beiden hätten sich kennengelernt, als sie noch sehr jung waren, und er habe sehr für sie geschwärmt.

werden. Wer sich mit jemandem geprügelt hatte, sollte dreimal in die See getaucht werden. Für Flüche und Gotteslästerung gab es Geldstrafen (wie gut, dass Richard selbst kein Seemann war!). Ein Dieb sollte kahl geschoren, geteert und gefedert und bei nächster Gelegenheit an Land gesetzt werden.

Nachdem dies alles geregelt war, ritten wir nach Tours. Dort nahm Richard vom Erzbischof die Zeichen des Pilgers entgegen: Tasche und Stab. Es war ein sehr feierlicher Augenblick. Doch dann geschah etwas, das mich zutiefst erschreckte: Als Richard sich auf seinen Pilgerstab stützte, brach der unter seinem Gewicht entzwei! Mein König war einfach zu kräftig. War das ein böses Omen? Eine Warnung Gottes, diese bewaffnete Pilgerfahrt nicht anzutreten? Nun, Richard sah das nicht so. Er lachte nur und fluchte ein wenig über diesen billigen Zahnstocher von einem Pilgerstab. Dann machte er sich auf den Weg nach Vézelay. Dort trafen wir, wie geplant, mit König Philipp und dessen Truppen zusammen, und am 4. Juli 1190 setzte sich das Heer in Bewegung. Unser Kreuzzug hatte begonnen.

Eine solche Armee hatte die Welt noch nicht gesehen! Fünfzehntausend Mann war sie stark, und natürlich waren die Menschen sehr beeindruckt, wenn dieser endlos lange Zug an ihrem Dorf vorbei- kam, sich über Meilen hügelauf- und hügelabwärts wand. Es war rührend, wie sie an der Straße stan- den, uns zujubelten und uns Glück wünschten. Viele brachten uns Wasser in Krügen und Kannen, damit wir uns unterwegs erfrischen konnten.

In Lyon nahm Philipp mit seinen Truppen den Weg nach Genua, wo er Schiffe angemietet hatte. Richard zog weiter nach Marseille. Doch als wir diese schöne Hafenstadt am 31. Juli erreichten, erwartete uns eine böse Überraschung: Von der Flotte, die längst hätte dort sein müssen, fehlte jede Spur! Niemand wusste, was geschehen war. Eine Woche lang übte sich Richard in Geduld – eine seiner schwierigsten Übun- gen! –, dann mietete er kurzerhand ein paar Dutzend Schiffe an

VÉZELAY war im 12. Jh. ein bedeutender Wallfahrts- ort. Hier befanden sich wertvolle Reliquien der heiligen Maria Magdalena. Vézelay war und ist auch ein Ausgangspunkt für eine Pilgerreise auf dem Jakobsweg nach Santiago de Compostela.

und schickte einen Teil seines Heeres voraus ins Heilige Land. Er selbst nahm auch ein Schiff und segelte langsam an der Küste entlang, in der Hoffnung, die Flotte werde ihn in den nächsten Tagen einholen.

Wir waren zwar in Sorge wegen der Flotte, beschlossen aber, die Wartezeit so gut wie möglich zu nutzen, und so sahen wir uns die Städte an, die an unserem Weg lagen: Portofino, Ostia, Neapel. Das tiefblaue Mittelmeer, die Sonne, die Zitronen- und Olivenhaine, die sanften Strände und die wilden Felsküsten – das alles gefiel mir sehr. Auch die mächtigen Ruinen aus der Zeit, als die Römer die Welt beherrschten, hätte ich mir, genau wie Richard, der sehr viel darüber wusste, tagelang anschauen können. Ich hatte nur ein schlechtes Gewissen, weil wir, anstatt Jerusalem zu befreien, hier so viel Zeit vertrödelten, aber nun – ich fürchte, meine Neugier siegte recht bald über meine Frömmigkeit. Als Richard allerdings beschloss, in Neapel eine längere Rast einzulegen und den Vesuv, einen feuerspeienden Berg, zu besteigen, war ich zunächst wenig begeistert – zum einen war der Aufstieg über die steilen, geröllbedeckten Hänge sehr beschwerlich, zum anderen war mir auch nicht ganz wohl, denn dieser wilde Berg war noch nicht zur Ruhe gekommen. Überall dampfte und zischte es, stinkende Schwefelschwaden stiegen auf, und ich fürchtete, jeden Augenblick könne der Berg aufbrechen und uns in Feuer und Glut verschlingen. Dazu sorgte ich mich um Richard, der von diesem Höllenschlund ganz entzückt war und die Gefahr nicht ernst nahm. Er konnte gar nicht dicht genug an den Rand des Kraters herangehen. Ich schwitzte Blut und Wasser. Zum Glück ging alles gut.

Endlich gab es Nachrichten über unsere Flotte. Die gute Nachricht war, dass sie uns überholt hatte und in der Meerenge von Messina auf uns wartete. Die schlechte Nachricht war, dass unsere Soldaten in Lissabon Juden und Sarazenen angegriffen hatten. Dafür hatte der portugiesische König sie eingesperrt, was die Verspätung erklärte. Richard war sehr wütend. „Bei Gottes Beinen", polterte er, „in Messina werde ich die Übeltäter zur Rechenschaft ziehen!" Was er dann auch tat: Am Tag nach seiner Ankunft saß er über die Gewalttäter und Plünderer zu Gericht und brachte manchen von ihnen an den Galgen.

Auf dem Weg nach Marseille geschah ein UN-GLÜCK: Als Richards Heer die Rhône überquerte, brach eine Brücke unter den Soldaten zusammen und viele stürzten in die Tiefe. Es ist unwahrscheinlich, dass wirklich nur zwei Menschen dabei zu Tode kamen, wie ein Chronist berichtet. Richard sah in diesem Unglück jedoch kein böses Omen und setzte den Kreuzzug unbeirrt fort.

Einstweilen hatte es Richard aber nicht eilig, nach Messina zu kommen. Er wollte noch mehr von diesem schönen fremden Land sehen. Und so ritten wir gemächlich durch Kalabrien in Richtung Küste. Eines Tages – ich war mit Richard allein unterwegs – hörten wir aus einer Hütte in einem Dorf den Schrei eines Falken. Richard war empört.

„Wie kann das angehen?", fragte er. „Ein so edles Tier in einer so schäbigen Behausung! Das ist würdelos und unschicklich."

Schon saß er ab, stürmte in die Hütte und nahm den Falken an sich. Ich folgte ihm. Schneller, als ich bis drei zählen konnte, waren wir von den aufgebrachten Dorfbewohnern umringt. Was für ein Anblick: Da stand der König von England, den Falken auf der Faust, inmitten von wütenden Dörflern, die ihn beschimpften und ihn mit Stöcken, Steinen und Dreschflegeln bedrohten. Es reizte eigentlich zum Lachen, aber als die ersten Steine flogen, wurde es bitterernst. Nur wir zwei gegen ein ganzes Dorf! Plötzlich zog einer der Männer ein Messer und wollte sich auf Richard stürzen. Der wehrte sich mit seinem Schwert, schlug den Angreifer mit der Breitseite – so kräftig, dass die Klinge abbrach. Jetzt bekam ich wirklich Angst. Ich hatte kein Schwert dabei, und so mussten wir uns mit den Fäusten prügeln wie das einfache Volk. Hastig rafften auch wir ein paar Steine zusammen, und irgendwie gelang es uns, zu den Pferden zu rennen und zu fliehen. Um ein Haar wäre das schiefgegangen! König Richard, nicht heldenhaft gefallen im Kampf um Jerusalem, nein, mit dem Dreschflegel erschlagen von einem wütenden kalabrischen Dorfbewohner. Einmal mehr verfluchte ich den Leichtsinn meines Königs.

Richard erholte sich schnell von unserem kleinen Abenteuer. Nur einen Tag später erreichten wir die süditalienische Küste, wo nun tatsächlich unsere Flotte bereitlag. So viele Schiffe! Sie waren bunt bemalt, leuchteten in den verschiedensten Farben in der südlichen Sonne, und sie waren mit Schilden behangen, die prächtig glänzten und funkelten. Bunte Wimpel und Standarten waren an Lanzen befestigt und flatterten stolz im Wind.

Kein Wunder, dass die Menschen im Hafen von Messina zusammenströmten und uns zujubelten, als wir dort einliefen. Das Meer schäumte unter den Ruder-

schlägen, dazu erklangen hell die Trompeten. Richard stand auf einer erhöhten Plattform auf dem vordersten Schiff, gekleidet in eine Tunika aus feinster geritzter Seide und einen Mantel, der mit silberglitzernden kleinen Halbmonden und Sonnen bestickt war, und ließ sich feiern. Das war ein Auftritt ganz nach seinem Herzen!

Wir bezogen eine recht einfache Unterkunft in den Weinbergen Siziliens. Ich staunte, wie schön und fruchtbar diese Insel war. Wohin man auch blickte, erstreckten sich Getreidefelder – die jetzt, Ende September, natürlich schon abgeerntet waren –, Orangen-, Zitronen- und Olivenhaine und Felder mit Früchten, die ich noch nie gesehen hatte. Es sei Baumwolle und Zuckerrohr, wurde mir gesagt. Worüber ich noch mehr staunte, war, wie hier in diesem kleinen Paradies Griechen, Araber und Normannen, Christen und Sarazenen friedlich miteinander lebten. Der Glockenklang der Kirche und der Ruf des Muezzin vereinten sich in schönster Harmonie. Wenn das hier möglich war, fragte ich mich, warum nicht auch im Heiligen Land?

Im 8. Jh. v. Chr. kamen die ersten GRIECHI-SCHEN SIEDLER nach Sizilien. Daher lebten dort noch im Mittelalter viele Menschen, die griechische Wurzeln hatten. Die Kreuzfahrer nannten sie verächtlich *griffons*, „Greifen".

Aber wie das so ist, ein irdisches Paradies ist nie von Dauer. Bald gerieten die Kreuzfahrer mit den Einwohnern von Messina in Streit, weil manche Händler sehr hohe Preise für Brot und andere Lebensmittel verlangten – sie nutzten es aus, dass wir auf sie angewiesen waren. Es kam zu Handgreiflichkeiten. Doch bevor Richard sich darum kümmern konnte, hatte er etwas zu erledigen, das noch dringlicher war: Er musste seine Schwester Johanna befreien! Sie war die Witwe des vor einem Jahr verstorbenen Königs Wilhelm II., und nun hielt dessen Nachfolger, König Tankred, sie gefangen. Glücklicherweise gelang die Befreiung ohne Waffengewalt. König Tankred hatte Richards prachtvolle Ankunft in Messina beobachtet und war so beeindruckt, dass er beschlossen hatte, sich nicht mit ihm anzulegen. Am 28. September war Johanna wieder frei. Richard nahm sie freudig in Empfang. Als König Philipp, der eine Woche vor uns in Messina eingetroffen war, die schöne Johanna erblickte, bekam er ganz rote Ohren und lächelte nur noch. Sofort hieß es, er wolle sie heiraten. Doch daraus wurde nichts – Richard hatte andere Pläne mit ihr.

Nun, dachte ich, würden wir endlich aufbrechen und nach Outremer segeln. Aber da König Tankred sich weigerte, Johanna den Unterhalt zu zahlen, auf den sie als Witwe des verstorbenen Königs einen rechtmäßigen Anspruch hatte, kam es doch noch zu Auseinandersetzungen zwischen ihm und Richard, und die Verhandlungen zogen sich hin.

Derweil gerieten die Kreuzfahrer und die Einheimischen immer öfter und immer heftiger aneinander. Schließlich blieb es nicht mehr bei Pöbeleien und Prügeleien: Es gab Tote. Kaum jemand bewahrte einen kühlen Kopf, dabei verstand ich schon, dass die Sizilianer die Lebensmittelpreise nicht nur aus Gier in die Höhe trieben – selbst die fruchtbarste Insel kann nicht auf Dauer ein riesiges Heer ernähren! Um die Lage zu beruhigen, besetzte Richard ein Kloster und richtete dort ein Versorgungslager ein, das er mit Vorräten aus unseren Schiffen füllen ließ. Doch nun dachten die Sizilianer, dies sei der erste Schritt, die ganze Insel zu erobern. Richard lud König Philipp und die Stadtoberen von Messina zu Verhandlungen ein, aber während sie berieten, was zu tun sei, hörten sie das Klirren von Schwertern: Die Sizilianer griffen das Lager eines aquitanischen Barons an! Da verlor Richard die Geduld. Er befahl, die Stadt zu stürmen. Als seine Leute zögerten, redete er ihnen ins Gewissen: „Wie sollen wir das Königreich Jerusalem zurückerobern, wenn wir schon vor niederträchtigen, weibischen Griechen die Flucht ergreifen?", fragte er die Soldaten. „Wahrlich, mir scheint, ihr schont absichtlich eure Kräfte, damit ihr danach umso besser gegen Saladin kämpfen könnt." Diese Rechnung, so mahnte Richard, werde nicht aufgehen, denn wer einmal vor einem Feind fliehe, dem werde die Feigheit auf dem Fuß folgen. „Ich möchte keinen von euch zwingen, mit mir zu ziehen", fuhr er fort, „damit nicht die Furcht des einen den anderen in der Schlacht verzagen lasse. Möge jeder seine eigene Wahl treffen, doch ich werde entweder hier sterben oder für das, was man mir und euch angetan hat, Vergeltung üben. Wenn ich lebend von hier abreise, wird Saladin mich nur als Sieger sehen; wollt ihr etwa heimkehren und mich, euren König, allein in diesen Kampf ziehen lassen?"

Im Mittelalter hatte eine Witwe Anspruch auf ein WITTUM, eine Unterhaltszahlung, die sicherstellen sollte, dass eine Frau nach dem Tod ihres Mannes versorgt war. Im Fall einer Königswitwe handelte es sich dabei um eine beträchtliche Geldsumme.

Was soll ich sagen – Richard hatte zwar maßlos übertrieben, aber die richtigen Worte gefunden. Mit dieser Rede hatte er alle bei der Ehre gepackt. Natürlich wagte jetzt niemand mehr, die Teilnahme am Sturm auf die Stadt zu verweigern.

Wir griffen Messina von der Landseite an. König Philipp hielt sich vornehm zurück und überließ Richard und dessen Truppen das Kämpfen. Nun, wir kamen auch ohne Philipp zurecht, wenngleich es nicht ganz einfach war. Die Stadttore waren verriegelt, und auf den Mauern standen Bogen- und Armbrustschützen, die ihre Pfeile und Bolzen auf uns niederhageln ließen. Immer mehr Männer tauchten dort oben auf, schleuderten Steine herab und alles, was sie finden konnten. Ein paar unserer Männer versuchten, die Tore aus den Angeln zu lösen, aber sie hatten keinen Erfolg. Als einige unserer Leute von Steinen oder Pfeilen getroffen wurden, führte Richard uns vom Haupttor fort und einen Hügel hinauf. Von dort ging es zu einem hinteren Stadttor, das Richard gleich nach seiner Ankunft auf einem Erkundungsritt entdeckt hatte. Wie er vermutet hatte, war es nicht verschlossen! Sofort gab er seinem Pferd die Sporen und galoppierte in die Stadt, uns allen voran, wie immer hart an der Grenze von Mut zu Leichtsinn. Vor seinem Schwert ergriffen die Verteidiger die Flucht, kaum jemand stellte sich dem Kampf. Wir wurden allerdings noch immer beschossen, und es gab Tote auf beiden Seiten. Auch fünfundzwanzig Männer aus der königlichen Garde verloren ihr Leben. Als wir jedoch alle Tore geöffnet hatten und unsere restlichen Truppen in der Stadt waren, dauerte es nicht mehr lange, bis sie uns gehörte. Schon früher hatte man Richard mit einem Löwen verglichen, aber ich glaube, es war nach seiner kühnen Eroberung von Messina, dass man ihm den Namen „Löwenherz" verlieh.

Nun ließ Richard oberhalb der Stadt, über der jetzt sein Banner wehte, eine hölzerne Festung errichten. Der Bau ging schnell voran, denn Richard hatte Fertig-

Obwohl seine Truppen nicht an der EROBERUNG teilgenommen hatten, verlangte König Philipp, dass auch sein Banner gehisst werde, denn er und Richard hatten vor dem Kreuzzug vereinbart, jeden Sieg und die gesamte Beute zu teilen. Richard willigte zähneknirschend ein – schließlich hatte er sein Wort gegeben.

teile an Bord der Schiffe mitgenommen, die sich ähnlich zusammensetzen ließen wie die Belagerungsmaschinen, die er ebenfalls mit sich führte. Die fertige Festung nannte er Mategriffon – „Bezwinger der Griechen".

Mit König Tankred kam Richard überein, dass der eine stattliche Geldsumme für Johanna zu zahlen habe. Außerdem vereinbarten die beiden, dass Richards dreijähriger Neffe Arthur, der Sohn seines verstorbenen Bruders Gottfried, Tankreds Tochter heiraten solle, und Richard ernannte Arthur zu seinem Thronerben für den Fall, dass er kinderlos sterben sollte. Ich glaube nicht, dass Richard dieses Heiratsbündnis und die Thronfolgeregelung sonderlich ernst meinte, aber wenn Prinz Johann davon erfuhr, würde ihn das ziemlich wütend machen.

Ich ahnte, dass der König nicht vorhatte, noch in diesem Jahr ins Heilige Land zu reisen. Es war mittlerweile Oktober, und im Winter war es nicht ratsam, über das Mittelmeer zu segeln, denn dann konnte auch dieses friedliche blaue Gewässer seine raue und stürmische Seite zeigen. Also hieß es wieder einmal warten! Nicht nur mir fiel das schwer, auch die anderen Kreuzfahrer murrten und wussten nicht, was sie während des Winters anfangen sollten. Viele verkürzten sich die Zeit mit Würfelspielen, aber das sahen die Könige gar nicht gern, denn die Soldaten spielten um Geld – und immer wenn Geld im Spiel ist, gibt es Streit und Ärger. Deshalb verboten Richard und Philipp den einfachen Soldaten das Glücksspiel.

Während die Kreuzfahrer die Zeit totschlugen oder sich mit Reparaturarbeiten an den Schiffen beschäftigten, sorgte sich Richard um

Richard schenkte Tankred als Friedenszeichen sein Schwert, EXCALIBUR, das angeblich das Schwert des legendären König Artus war. Warum er ausgerechnet Tankred ein Geschenk von so großem symbolischem Wert machte, weiß man nicht – vielleicht meinte er, im Heiligen Land werde er sich genug eigenen Ruhm erwerben, sodass er es nicht mehr nötig habe, sich im Glanz des Artusmythos zu sonnen.

Einfache Soldaten, die sich nicht an das GLÜCKS-SPIELVERBOT hielten, wurden drei Tage hintereinander ausgepeitscht. Ritter durften spielen, aber einen bestimmten Einsatz pro Tag nicht überschreiten. Nur die Könige durften jederzeit um so viel Geld spielen, wie sie wollten.

sein Seelenheil. Kurz vor Weihnachten fragte er mich: „Was denkst du, Blondel, bin ich ein Sünder?"

„Wir sind alle Sünder, Herr", antwortete ich etwas ratlos. „Warum fragt Ihr?"

„Du weißt, Blondel", sagte der König, „ich war kein Kind von Traurigkeit. Aber bald werde ich heiraten. Und ich werde ins Heilige Land reisen. Deshalb möchte ich Buße tun und mein sündiges Leben hinter mir lassen."

Tatsächlich lud Richard bald darauf die Bischöfe in seinem Gefolge ein, einem Bußakt beizuwohnen. Nackt wie Gott ihn schuf, legte er sich vor ihnen auf den Boden, drei Geißeln in der Hand, und bekannte seine Sünden. Wie so oft, konnte ich auch diesmal nicht einschätzen, ob das nur eine der großen Gesten war, die er so liebte, oder ein ernstes Anliegen.

Die Stimmung im Heer wurde derweil immer schlechter. Gut, dass Richard wusste, wie er seine Leute bei Laune halten konnte: Auf Mategriffon feierte er ein prächtiges Weihnachtsfest, zu dem auch König Philipp eingeladen war. Richard verteilte Geld und Geschenke, denn kleine Geschenke erhalten bekanntlich die Freundschaft. Große Geschenke übrigens auch. Bei Richard waren es meistens große. Dementsprechend freundschaftlich war das Verhältnis zwischen Philipp und Richard an diesem Christfest. Doch das sollte sich bald ändern.

Mir war das Geld kein Trost, denn ich vermisste meine Familie. Ich hatte nicht damit gerechnet, dass sich dieses Unternehmen so lange hinziehen würde. Aber nun gab es kein Zurück. Immerhin hatte ich ein Gelübde abgelegt. Wenn man Gott ein Versprechen gibt, darf man es nicht brechen, oder?

Nach Weihnachten herrschten bald wieder Missmut und Langeweile. Richard unternahm viele Ausritte, um sich etwas Abwechslung zu verschaffen und in Bewegung zu bleiben (da er sich bei dem reichlichen guten Essen nicht mäßigen konnte, hatte er … nun, ich will nicht beleidigend werden, aber ja, er hatte ein kleines Bäuchlein angesetzt). Eines Tages, als wir mit einer Gruppe aus unseren und Philipps Leuten unterwegs waren, stießen wir auf einen Bauern, der einen mit Zuckerrohrstangen beladenen Esel vor sich hertrieb. Sofort kaufte Richard ihm das Zuckerrohr ab, und wir benutzten die Stangen als Lanzen, um ein kleines

Turnier zu veranstalten. Wir hatten großen Spaß und lachten viel – bis Richard auf einen von Philipps Rittern traf, den er nie hatte leiden können. Die beiden preschten aufeinander los, als gelte es, den anderen in Grund und Boden zu reiten! Dummerweise erwies sich Philipps Mann, Wilhelm des Barres, als der geschicktere Zuckerrohrlanzenkämpfer. Mehrfach durchbrach er Richards Deckung, und Richard gelang es nicht, seinen Gegner vom Pferd zu stoßen. Am Ende tobte Richard vor Wut, und ich fürchtete, er würde Wilhelm an Ort und Stelle erschlagen.

„Schert Euch zum Teufel!", brüllte er ihn an. „Und kommt mir, bei Gottes Beinen, nie wieder unter die Augen!"

So jähzornig hatte ich Richard noch nie gesehen, und es erschreckte mich, dass er wegen einer solchen Nichtigkeit zu einem derartigen Wutausbruch fähig war. Es dauerte mehrere Tage, bis er sich wieder beruhigte, und erst nachdem Philipp und einige seiner Leute ihn auf Knien darum gebeten hatten, den in Ungnade gefallenen Ritter wieder in das Kreuzheer aufzunehmen, gab er nach und verzieh dem Mann. Eine seltsame Geschichte! Richard, den ich doch gut zu kennen glaubte, war mir auf einmal fremd.

Vielleicht hatte Richard allerdings auch nur die Beherrschung verloren, weil ihm etwas bevorstand, das ihm schwer auf der Seele lag: Es war so weit, er musste Philipp beibringen, dass er nicht dessen Schwester Alice heiraten würde, sondern Berengaria von Navarra. Letztere befand sich, wie Richard mir nun eröffnete, bereits auf dem Weg nach Messina, begleitet von Königin Eleonore. Was für eine schreckliche Schmach für den französischen König! So viele Jahre war seine Schwester mit Richard verlobt gewesen. Doch da Richard Zeugen benannte, die aussagen würden, dass Alice die Geliebte König Heinrichs gewesen war und ihm sogar ein Kind geboren hatte, konnte Philipp nicht anders: Er musste zustimmen, dass die Verlobung gelöst wurde. Richard zahlte ihm eine Entschädigung, aber das änderte nichts daran, dass die Freundschaft der beiden Könige diesmal ernsten Schaden genommen hatte. Ich glaube, Philipp war tief verletzt. Am 30. März 1191, wenige Stunden, bevor Berengaria und Eleonore in Messina eintrafen, verließ der französische König die Stadt und segelte ins Heilige Land. Ein verwundetes Raubtier ist gefährlich, dachte ich, und erwartete einen kräftigen Prankenhieb als Rache.

Während Philipp fast fluchtartig die Reise nach Outremer angetreten hatte, freute sich Richard, dass seine Mutter und seine Verlobte gut angekommen waren. Ich war neugierig auf Berengaria, die ich bisher noch nicht kennengelernt hatte, und anders als mancher andere war ich nicht enttäuscht, als ich sie sah: Ich mochte sie, denn sie war eine freundliche, schöne und kluge Frau. Hie und da hörte ich, wie getuschelt wurde, sie sei wohl eher klug als schön, aber diese Bemerkung fand ich dumm. Muss denn jede Frau blond sein und aussehen, als sei sie dem Lied eines Troubadours entstiegen? So ein Unsinn! Berengaria hatte schwarzes Haar und Augen wie dunkle Kirschen. Also, mir gefiel das sehr gut!

Königin Eleonore reiste bereits nach vier Tagen wieder ab. Die Lage in England war unruhig, es gab einiges Gerangel um die Macht, und die Königin musste für Ordnung sorgen. Berengaria hingegen sollte Richard genau wie seine Schwester Johanna ins Heilige Land begleiten. Die Hochzeit musste noch warten, denn es war Fastenzeit. Und dann, eine knappe Woche vor Ostern, stachen wir in See. Mit klopfendem Herzen stand ich an der Reling und konnte mich gar nicht sattsehen an unserer stattlichen Flotte. Über zweihundert Schiffe war sie stark, und sie umfasste wendige Galeeren ebenso wie gewaltige Frachtschiffe, in deren Bauch sich unter anderem die wieder in ihre Einzelteile zerlegte Festung Mategriffon befand. Mit stolz geblähten Segeln flogen wir über das blaue Meer. Jetzt konnte uns nichts mehr aufhalten, dachte ich. Da hatte ich mich gründlich geirrt.

Am Karfreitag, dem Tag, an dem unser Herr Jesus für unsere Sünden am Kreuz gestorben war, zogen finstere Wolken auf. Das Meer färbte sich grün und grau, Schaum tanzte auf hohen Wellen, und dann brach ein furchtbarer Sturm los, der unsere Flotte wild durcheinanderwirbelte. Die Schiffe ächzten und knarzten, als wollten sie unter der Wut der Naturgewalten zerbrechen. Abgesehen davon, dass sie sich gegen die Kraft von Wind und Wellen nicht mehr steuern ließen, war auch kaum noch jemand in der Lage dazu: Uns allen ging es erbärmlich elend bei diesem Hin und Her und Auf und Ab. Wir waren nicht einmal mehr Herr über unsere Mägen, geschweige denn über unsere Schiffe. Was auch sein Gutes hatte; wäre ich nicht so seekrank gewesen, hätte ich Todesangst gehabt.

Der Einzige, dem dieser Sturm nichts anhaben konnte, war Richard. Er schien die Ruhe selbst zu sein. An der Mastspitze seines Schiffes ließ er eine große Fackel befestigen, als Wegzeichen und Trost für alle anderen. So gelang es, dass immerhin ein großer Teil der Flotte beisammenblieb. Dennoch mussten wir, als der Sturm vorüber war und wir Kreta erreichten, das Richard zuvor zum Treffpunkt bestimmt

Richards Ehe mit Berengaria blieb kinderlos. Aus der Zeit vor seiner Ehe hatte er aber einen Sohn namens Philipp. Wer die Mutter war, weiß man nicht. Richard erkannte Philipp als seinen Sohn an und gab ihm die Burg Cognac als Lehen. William Shakespeare setzte PHILIPP VON COGNAC in seinem Drama *König Johann* mit der Figur des Philip Faulconbridge ein literarisches Denkmal. Da er keinen rechtmäßigen Sohn hatte, machte Richard schließlich seinen Lieblingsneffen Otto, den Sohn Heinrichs des Löwen, zum Herzog von Aquitanien.

hatte, feststellen, dass über zwanzig Schiffe fehlten – zu Richards Entsetzen auch das, auf dem Berengaria und Johanna reisten!

Eine verzweifelte Suche begann. Endlich brachte man Richard die Nachricht, dass drei oder vier von unseren Schiffen vor Zypern auf Grund gelaufen waren. Einige unserer Leute waren ertrunken. Berengaria und Johanna waren zum Glück wohlauf; ihr Schiff war einigermaßen heil geblieben und ankerte vor der Stadt Limassol. Sie wagten sich allerdings nicht an Land, denn sie fürchteten, Isaak, der selbsternannte Kaiser von Zypern, werde sie als Geiseln nehmen. Die Einwohner von Limassol hatten bereits einige unserer Schiffbrüchigen als Geiseln genommen, doch einem von Richards Kapitänen war es gelungen, sie zu befreien.

Als Richard vor Limassol eintraf, forderte er von Isaak Entschädigung dafür, dass er die Schiffbrüchigen gefangen gesetzt hatte. „Pf, mein Herr", lautete Isaaks Antwort. Für Richard war das so gut wie eine Einladung, Zypern zu erobern. Ich denke, Isaaks Frechheit kam ihm sehr entgegen, denn Zypern konnte ein wichtiger Stützpunkt für die Kreuzfahrer sein. Also befahl Richard sofort den Angriff. Wir hatten noch nicht einmal unsere Pferde ausgeladen – die nach der langen Zeit auf See ohnehin nicht gleich einsatzfähig waren –, aber das hielt Richard nicht davon ab, Limassol noch an diesem Tag zu stürmen. Die Barrikade, die Isaak hatte errichten lassen, schreckte uns wenig: Truhen, Bänke und ausgehängte Türen stapelten sich am Strand, als wir mit unseren Booten dort anlegten.

„Warum nicht noch Besenstiele und Bettlaken?", spottete Richard.

Ganz so harmlos war die Sache dann aber doch nicht: Armbrust- und Bogenschützen ließen Bolzen und Pfeile auf uns niederregnen, dass sich der Himmel verfinsterte! Und vor der Stadt erwartete uns Isaak mit seinen Rittern. Als Richard merkte, dass wir durch den Pfeilhagel eingeschüchtert waren und zögerten, an Land zu gehen, sprang er kurzerhand als Erster aus dem Boot und rannte entschlossen auf die Stadt zu. Angesteckt von seinem Mut stürmten wir, seine Ritter, die heute nicht beritten waren, hinter ihm her, während unsere Bogenschützen die Verteidiger auf Abstand hielten. Nun waren es die Zyprer, die den Mut verloren. Nach einem kurzen Gefecht gaben sie auf. Wir hatten Limassol erobert.

Unter den Toten war auch Richards Vizekanzler und SIEGELBEWAHRER ROGER MALCAEL. Seine Leiche wurde einige Tage nach dem Schiffbruch an Land gespült. Das königliche Siegel hatte Roger um den Hals getragen – so bekam Richard es zurück.

ISAAK KOMNENOS war einst Statthalter von Zypern. Nach einem Volksaufstand gegen den Kaiser ließ er sich 1185 selbst zum neuen Kaiser krönen. Die Quellen schildern ihn als grausamen Tyrannen.

Da entdeckte Richard „Kaiser" Isaak auf seinem prächtigen Schlachtross. Sofort schnappte sich Richard ein Packpferd, das zufällig in der Nähe stand, sprang in den Sattel, hinter dem noch ein Sack aufgebunden war und der nur Stricke mit Schlaufen statt Steigbügeln hatte, galoppierte auf Isaak zu und brüllte: „Herr Kaiser, ich fordere Euch zum Zweikampf heraus!" Isaak tat, was wohl jeder getan hätte: Er überhörte Richards Worte und nahm eiligst Reißaus.

Ganz entkommen konnte er uns natürlich nicht. In der Nacht luden wir unsere Pferde aus und umstellten Isaaks Lager. Er selbst konnte fliehen, aber seine Leute ergaben sich uns. Fünf Tage nach Richards Ankunft gab es kaum noch jemanden, der zu Isaak hielt. Damit hatten wir nicht nur Limassol, sondern halb Zypern erobert.

Richard feierte seinen Sieg auf ganz besondere Weise: Am 12. Mai 1191 heiratete er Berengaria in der Georgskapelle zu Limassol. In London wäre die Zeremonie sicher prächtiger ausgefallen, aber Richard gelang es, auch unter diesen Umständen ein wahrhaft königliches Fest zu veranstalten. Im Anschluss an die Trauung wurde Berengaria zur Königin von England gekrönt – in einer Stadt auf Zypern von einem normannischen Bischof!

Es dauerte keine drei Wochen, dann hatte Richard ganz Zypern erobert. Viele Städte hatten sich ohne jede Gegenwehr ergeben, denn Isaak war ein sehr unbeliebter Herrscher. Schließlich fiel auch er selbst in Richards Hände. Als er ihm vorgeführt wurde, flehte er: „Bitte, legt mich nicht in eiserne Ketten." Richard antwortete lächelnd: „In Ordnung. Ihr sollt silberne Fesseln bekommen."

Zypern gehörte nun also den Kreuzfahrern. Das Heilige Land war nur noch drei Tage auf See entfernt. Am 5. Juni 1191 gingen wir in Famagusta an Bord und segelten in Richtung Akkon.

Mehrere Quellen erwähnen, Richard habe bei dem schrecklichen Unwetter eine Sturmlaterne oder eine FACKEL AM MAST seines Schiffes anbringen lassen, um die Flotte zusammenzuhalten. Im *Itinerarium Peregrinorum* steht, er habe sich um seine Schiffe gekümmert „wie eine Glucke um ihre Küken".

In Outremer
Juni bis September 1191

Im Juli 1187, wenige Wochen, bevor er Jerusalem eroberte, hatte Sultan Saladin bei HATTIN (nahe des Sees Genezareth) einen großen Sieg über König Guido und das Heer der Kreuzfahrerstaaten errungen.

Nie werde ich den Augenblick vergessen, als nach unserer langen Reise endlich die Küste des Heiligen Landes am Horizont erschien. Wie ein Traumbild sah ich Margat, die mächtige Festung der Johanniter, auf ihrem Hügel liegen. Elf Monate waren wir unterwegs gewesen, und nun war unser Ziel nur noch wenige Meilen entfernt. Feierlich sprach ich ein Dankgebet.

Mir war allerdings nicht nur feierlich zumute. Wir wussten, dass es mit der Sache der Kreuzfahrer nicht zum Besten stand: Vor knapp vier Wochen war Guido von Lusignan, der gegen Sultan Saladin in der Schlacht von Hattin unterlegene König von Jerusalem, nach Zypern gereist und hatte Richard, dessen Gefolgsmann er war, Bericht erstattet. Nach wie vor befanden sich fast alle Städte und Burgen des Königreichs Jerusalem in Saladins Hand. Nur Tyrus wurde noch von den Christen gehalten. Konrad, der Markgraf von Montferrat, hatte es vier Jahre lang erfolgreich verteidigt. Er weigerte sich jedoch, die Stadt König Guido zu übergeben, weil er ihn aufgrund der Niederlage gegen Saladin für unfähig hielt.

Der deutsche Kaiser FRIEDRICH I. BARBAROSSA war im Mai 1189 mit seinem Heer nach Outremer aufgebrochen. Am 10. Juni 1190 hatte er im Fluss Saleph (heute Göksu in der Türkei) ein erfrischendes Bad nehmen wollen und war dabei ums Leben gekommen.

Guido hatte daraufhin begonnen, mit einer kleinen Truppe die wichtige Hafenstadt Akkon zu belagern. Dort herrschte nun seit zwei Jahren ein Patt: Die christlichen Truppen belagerten Akkon, und Saladins Truppen belagerten die Belagerer. Nichts bewegte sich. Im letzten Winter hatte es eine große Hungersnot gegeben, und schreckliche Seuchen hatten gewütet. Viele Christen hatten ihr Leben verloren. Vom Heer des deutschen Kaisers war nicht viel übrig: Barbarossa selbst war auf dem Weg ins Heilige Land gestorben, und nur wenige seiner Soldaten hatten es bis nach Akkon geschafft. König Philipp war zwar im April dort eingetroffen, hatte aber mit seiner kleinen Flotte noch nichts ausrichten können. Die Lage vor Akkon war also verzweifelt, und die christlichen Truppen warteten sehnsüchtig auf König Richard und seine Galeeren.

Ich wusste, dass Richard vorhatte, Saladin von der Seeseite her den Nachschub abzuschneiden. Das war sicher ein guter Plan. Trotzdem würde die Eroberung der Stadt nicht einfach werden. Denn solange die Kreuzfahrer untereinander zerstritten waren, konnten sie kaum Erfolg haben. Richard musste versuchen, Konrad von Montferrat und Guido von Lusignan miteinander zu versöhnen, und es galt zu entscheiden, wer von den beiden künftig König von Jerusalem sein sollte. Richard würde Guido, seinen Lehnsmann, unterstützen, König Philipp hingegen war auf Konrads Seite. Würden Richard und Philipp nun ernsthaft aneinandergeraten? Ich ahnte Böses und sah mit gemischten Gefühlen, wie die fremde Küste näher kam.

Am 8. Juni Anno Domini 1191 trafen wir vor Akkon ein. Die christlichen Truppen begrüßten uns mit überschwänglichem Jubel. All ihre Hoffnungen ruhten auf Richard und seiner Flotte. Natürlich hatten alle von seinen Erfolgen gehört, wussten, dass er Messina und Zypern erobert hatte. Für sie war er jetzt schon der Held dieses Kreuzzugs, der künftige Befreier Jerusalems, noch bevor er überhaupt einen Fuß auf den Boden des Heiligen Landes gesetzt hatte. Zumal er in der Tat bereits auf See einen ersten wichtigen Sieg errungen hatte: Vor der Küste hatten Richards Galeeren ein großes Frachtschiff versenkt, das Saladins Truppen bei Akkon Nach-

Während der Kreuzzüge entstanden die RITTER-ORDEN: die Johanniter, die Templer und der Deutsche Orden. In ihnen vereinigten sich Mönchs- und Rittertum. Ursprünglich hatten die Ritterorden zum Ziel, kranke Pilger im Heiligen Land zu pflegen und ihnen Schutz zu bieten. Später widmeten sie sich auch der Verteidigung des Heiligen Landes. Dazu errichteten sie Festungen wie Margat im heutigen Syrien.

Saladins Truppen sahen das EINTREFFEN KÖNIG RICHARDS mit Sorge. Saladins Chronist Baha al-Din schrieb: „Der König war wirklich ein Mann von Urteil und Erfahrung, Kühnheit und Tatkraft. Seine Ankunft erregte Furcht und Schrecken in den Herzen der Muslime." Ferner lobte Baha al-Din Richard als „Mann von großem Mut und Geist".

schub bringen sollte. Waffen und Lebensmittel für mehrere Wochen oder gar Monate waren in den Fluten versunken. Nicht auszudenken, wenn sie ihr Ziel erreicht hätten – das hätte uns die Eroberung der belagerten Stadt wahrhaftig nicht leichter gemacht.

Nun waren wir also angekommen im Heiligen Land! Doch zunächst einmal sah ich davon nur das christliche Zeltlager vor den Mauern von Akkon, und mir blieb auch keine Zeit für eine würdige Andacht, denn die Kreuzfahrer wollten Richards Ankunft gebührend feiern. König Philipp, der uns im Hafen von Akkon erwartet hatte, nahm Richard mit allen Ehren in Empfang und geleitete ihn mit einer prächtigen Prozession zu dem Zelt, das man für ihn aufgebaut und eingerichtet hatte. Überall erklangen Hörner, Trompeten und Trommeln. So weit das Auge reichte, loderten Freudenfeuer. Noch mitten in der Nacht war es taghell in unserem Lager, denn außer den Feuern brannten zahllose Fackeln und Wachslichter. Bis zum frühen Morgen wurde gesungen und getanzt, und man erzählte sich Geschichten von großen Helden wie König Artus.

Als ich nach nur zwei, drei Stunden Schlaf mein Zelt verließ, sah ich zum ersten Mal das Lager der Sarazenen, gar nicht so weit von unserem Lager entfernt. Ich staunte, wie bunt die Zelte waren und wie viele verschiedene Formen es gab, und erschrak darüber, wie weit sie sich über das karge Land erstreckten. Plötzlich stand Richard neben mir.

„Ein mächtiger Gegner, was, Blondel?", sagte er. „Siehst du das große Prunkzelt da oben? Das ist das Zelt Sultan Saladins. Das etwas kleinere Zelt daneben gehört seinem jüngeren Bruder Saphadin. Ich habe bereits einen Boten zu ihnen gesandt, um Verhandlungen aufzunehmen. Ich möchte den Sultan gern kennenlernen."

„Weiß König Philipp davon, Herr?", fragte ich, obwohl ich die Antwort schon ahnte.

„Nein", sagte Richard, wie ich es erwartet hatte. „Ich denke gar nicht daran, ihn zu fragen, was ich tun oder lassen soll. Ich werde mich ihm nicht unterordnen. Er

Sultan SALADIN hieß eigentlich Salah ad-Din Yusuf b. Aiyub ad-Dawini. Sein jüngerer Bruder, den die Kreuzfahrer Saphadin nannten, hieß al-Adil Saif ad-Din Abu Bakr b. Aiyub. Saladins Reich erstreckte sich von Ägypten über große Teile der Arabischen Halbinsel bis zur türkischen Grenze.

69

mag den Oberbefehl haben, weil er der König von Frankreich ist, aber meinst du, ihn nimmt hier irgendjemand ernst, sei es Freund oder Feind?"

Das meinte ich nicht, verzichtete aber auf eine Antwort.

„Ihr seht blass aus, Herr", sagte ich stattdessen, weil mir auffiel, dass Richard erschöpft wirkte. „Geht es Euch nicht gut?"

„Doch", sagte Richard. „Ich bin nur etwas müde. Wir haben ja kräftig gefeiert, nicht wahr?" Er schmunzelte. „Außerdem macht mir die Hitze zu schaffen. Noch früh am Tag und schon so heiß! Daran muss ich mich erst einmal gewöhnen. Deshalb, mein lieber Blondel, gehe ich jetzt in mein schattiges Zelt und überlege mir, wie wir Akkon erobern!"

Noch am selben Tag begannen wir, die Belagerungsmaschinen auszuladen, die wir auf unseren Schiffen mitgeführt hatten. Auch Mategriffon, die hölzerne Festung, sollte vor Akkon wieder aufgebaut werden. Und wie geplant sorgte unsere Flotte dafür, dass Saladins Truppen auf dem Seeweg keinen Nachschub mehr bekamen. Alles ließ sich gut an. Wir waren bereit zum Angriff. Doch dann, wenige Tage nach unserer Ankunft, wurde Richard krank.

Ich erschrak, als ich ihn in seinem Zelt besuchte. Fieberglühend lag er da, zu schwach, um sich auch nur ein wenig aufzurichten. Noch schlimmer als das Fieber aber war, dass ihm gleich büschelweise die Haare ausfielen! So elend hatte ich ihn noch nie gesehen. Es ging ihm sehr schlecht, er hatte starke Schmerzen und ich machte mir große Sorgen. Das Einzige, was mich tröstete, war, dass er klar denken konnte und trotz seines Zustands wohlüberlegte Anweisungen gab, wo wir die Steinschleudern und den Belagerungsturm aufstellen sollten.

Obwohl Richard ihn darum bat, wollte König Philipp nicht länger mit dem Angriff auf Akkon warten: Er befahl seinen Truppen den Sturm auf die Stadt. Mit Armbrustpfeilen und Steinschleudern nahmen sie Akkon unter Beschuss. Die Belagerten antworteten mit einem ohrenbetäubenden Lärm von Trommeln und Trompeten und mit fest entschlossener Gegenwehr. Philipps Truppen mussten sich wieder zurückziehen. Viele Soldaten waren gefallen. Nach dieser Niederlage wurde auch Philipp krank. Es hieß, er leide an dem gleichen Fieber wie König Richard,

Man weiß nicht genau, woran Richard in Akkon erkrankte. Die Chronisten bezeichnen die KRANK-HEIT als „Arnaldia" oder „Leonardie". Vielleicht war es eine Form von Skorbut, eine Krankheit, die durch Vitaminmangel entsteht. Wahrscheinlicher ist aber, dass es sich um eine Infektionskrankheit handelte.

70

außerdem sei er verwundet worden. Erste Gerüchte machten die Runde, dass er nicht mehr lange im Heiligen Land bleiben werde.

„Gott will es" – diese Worte klangen mir in den Ohren, während ich nachts wachlag und grübelte. War das so? Wollte Gott es wirklich? Warum schickte er uns dann kein Zeichen? Warum lagen beide Könige, die Befehlshaber der christlichen Truppen, kaum dass sie im Heiligen Land angekommen waren, schwer krank in ihren Zelten? War das nur eine Prüfung? Oder eine Mahnung, das Unternehmen aufzugeben? Mir kamen immer größere Zweifel, ob wir auf dem richtigen Weg waren. Zumal Sultan Saladin keineswegs so unmenschlich zu sein schien, wie man ihn uns daheim geschildert hatte. Immerhin schickte er den kranken Königen der Christen Geschenke, Obst und andere Erfrischungen, und er bot ihnen die Dienste seines Leibarztes an. So etwas tut doch niemand, der durch und durch böse ist! Dennoch beschloss ich, zu bleiben, denn ich fühlte mich an mein Gelübde gebunden.

„Deus lo vult!" – „GOTT WILL ES!" – lautete der Schlachtruf der Kreuzfahrer. Mit diesen Worten hatten die Menschen geantwortet, als Papst Urban II. 1095 zum ersten Kreuzzug aufrief.

Sicher war ich nicht der Einzige, den solche Gedanken quälten. Und alle Kreuzfahrer sorgten sich um die beiden Könige, vor allem um Richard, mit dessen Genesung es nicht vorangehen wollte. Mittlerweile waren auch viele Soldaten an dem gefährlichen Fieber erkrankt. Manch einer starb daran. Die Gesunden plagten Zweifel und Ängste. Saladins Männer waren tapfere Kämpfer, das hatten wir gesehen. Zudem verfügten sie über eine äußerst gefährliche Waffe: das griechische Feuer. Ich weiß nicht genau, was das für ein Gemisch war, aber seine Wirkung war verheerend. Saladins Leute schleuderten dieses Gebräu in Tonbehältern auf unsere hölzernen Belagerungsmaschinen, und wenn sie getroffen waren, gingen sie sofort in Flammen auf und ließen sich nicht mehr löschen! König Philipp hatte schon viele Steinschleudern und Türme auf diese Weise verloren.

Es heißt, Sultan Saladin habe dem kranken Richard sogar SPEISEEIS geschickt. Dabei handelte es sich wahrscheinlich um mit Fruchtsirup verrührten Schnee vom 2814 Meter hohen Berg Hermon. Diese Kostbarkeit nannten die Araber und Türken *sharbat* bzw. *sherbet*. In Europa wurde daraus das Sorbet.

Endlich ging es dem französischen König besser. Obwohl er später krank geworden war als Richard, hatte er sich schneller erholt, und er unternahm einen neuen Angriff. Er brachte seine besten Steinschleudern in Position und befahl, dass sie von nun an Tag und Nacht in Betrieb sein sollten. Richard stellte seine Schleudern und Belagerungstürme ebenfalls zur Verfügung. An mehr war vorerst nicht zu denken.

„Bei Gottes Beinen", sagte Richard schwach, „dass ich zur Untätigkeit verdammt bin, macht mich kränker als dieses verfluchte Fieber!"

Aber seine Ungeduld half ihm nichts, er blieb ans Bett gefesselt. Unterdessen rannten die christlichen Truppen unermüdlich gegen die Mauern von Akkon an. Wir hatten die Belagerungsmaschinen nun mit in Essig oder Urin eingeweichten Tierhäuten umwickelt, um sie gegen das griechische Feuer zu schützen. So konnten wir hoffen, dass die mächtigen Katapulte nicht den Flammen zum Opfer fielen. König Philipps ganzer Stolz war eine gewaltige Steinschleuder, die er Malvoisin, „böser Nachbar", genannt hatte. Eine weitere stattliche Wurfmaschine der Kreuzfahrer trug den Namen „Gottes Katapult". Was nützte es — Saladins tapfere Garnison ließ sich weder durch die prahlerischen Namen noch durch die Maschinen selbst in Angst und Schrecken versetzen.

Richard hatte derweil einen Wandelturm bauen lassen, einen riesigen Belagerungsturm auf Rädern. Er hatte mehrere Plattformen, von denen aus Armbrust- und Bogenschützen angreifen konnten, wobei sie selbst gute Deckung hatten. Die oberste Plattform überragte die Stadtmauer, sodass, wenn der Turm dicht genug an die Mauer herangelangen konnte, man von dort oben eine Zugbrücke auf die Zinnen herunterlassen und die Stadt stürmen konnte. Der Turm war aus sehr festem Holz; weder Steinbrocken noch Feuer konnten ihm etwas anhaben. Ein wirklich beeindruckendes Bauwerk, das sich nun vor Akkon in den Himmel reckte! Doch zunächst einmal schafften es unsere Truppen nicht, den Turm nahe genug an die Mauer heranzurollen. Zu dicht war der Pfeilhagel, den die Belagerten ihnen entgegenschickten. Auch die „Katze" des französischen Königs, ein Gerüst, das sich an der Mauer befestigen ließ, damit man sie erklettern konnte, brachte uns dem Ziel nicht näher: Kaum hatten die französischen Truppen die „Katze" in die Mauer gehängt, warfen die Verteidiger trockenes Holz darauf und setzten es sofort mit griechischem Feuer in Brand!

GRIECHISCHES FEUER war eine Mischung auf Erdölbasis. Die genaue Rezeptur war streng geheim. Das Gemisch wurde in Tonbehälter gefüllt, die dann von einem Katapult abgeschossen wurden. Beim Aufprall zerbarsten die Behälter, das Gemisch explodierte und setzte alles, was getroffen war, in Brand. Das Feuer ließ sich nicht mit Wasser löschen, sondern musste, z. B. mit Sand, erstickt werden.

Schnell war König Philipps „Katze" nur noch ein klägliches Häufchen Asche. Die Flüche, die er daraufhin gebrauchte, möchte ich hier nicht wiedergeben.

Am nächsten Tag schickte Saladin Verstärkung. Es kam zu heftigen Kämpfen, bei denen seine Truppen Schwerter, Doppeläxte und eisenbewehrte Keulen einsetzten. Gleichzeitig waren Philipps Truppen dabei, die Mauern Akkons durch Unterminierung zum Einsturz zu bringen: Die französischen Mineure untergruben das Fundament eines Mauerabschnitts, stützten den so entstandenen unterirdischen Raum mit Holzbalken ab und füllten ihn dann mit Brennholz. Sobald das angezündet war, zogen sie sich eilig zurück. Griff das Feuer auf die Holzbalken über, brachen die Stützen bald zusammen und die Mauer darüber stürzte ein. Es war eine mühselige Arbeit, aber wie heißt es so schön – steter Tropfen höhlt den Stein. Akkon war noch nicht gefallen, aber es wankte. Wir ahnten, dass die Verteidiger nicht mehr lange standhalten konnten. Sicher waren sie nach zwei Jahren der Belagerung mit ihren Kräften am Ende, und auch ihre Vorräte mussten bald aufgebraucht sein. Das christliche Heer schöpfte wieder Hoffnung.

Tatsächlich trafen tags darauf Unterhändler aus Akkon ein, die den Königen ein Angebot unterbreiteten: Die Garnison würde die Stadt übergeben, vorausgesetzt, man gewährte ihr freien Abzug und sie dürfte den Großteil der Güter mitnehmen. König Philipp stimmte zu. König Richard war entschieden dagegen.

„Was hat es für einen Sinn, nach einer so langen, mühevollen Belagerung in eine Stadt einzuziehen, die nichts mehr von Wert zu bieten hat?", fragte er wütend.

Ich war erleichtert, denn nun wusste ich, dass er sich auf dem Weg der Besserung befand.

Am folgenden Tag war Richard zwar noch immer zu schwach, um aufzustehen, doch es hielt ihn nicht mehr länger in seinem Zelt, und so befahl er kurzerhand, man solle ihn in einer weich gepolsterten Sänfte an die Kampflinie tragen. Nun konnte er seine Leute wenigstens anfeuern und ihnen Anweisungen geben. Geschützt durch ein festes Holzgeflecht, richtete er sich sogar ab und zu von seinem Lager auf und schoss Armbrustpfeile ab, um seinen Beitrag zu der Eroberung zu leisten.

74

Aber obwohl wir die Stadt unter Dauerbeschuss nahmen und obwohl die Mauer wankte und hie und da ein Abschnitt einstürzte, wehrten sich Saladins Männer erbittert und entschlossen. Schließlich versprach Richard jedem, der ihm einen Stein aus der Mauer brächte, vier Goldmünzen. Tatsächlich erhöhte sich dadurch der Eifer seiner Soldaten, auch wenn mancher das Gold mit einer Pfeilwunde bezahlte.

Eine Woche lang hielt die Garnison unseren Angriffen noch stand. Dann musste Saladin aufgeben und sich mit unseren – eigentlich Richards – Bedingungen einverstanden erklären. Am 12. Juli 1191 wurde Akkon mit sämtlichen Vorräten und allem, was sich sonst in der Stadt befand, an die Kreuzfahrer übergeben. Außerdem musste der Sultan eine hohe Geldsumme zahlen, rund zweitausend christliche Gefangene freilassen und uns das Heilige Kreuz zurückgeben, das nach der Schlacht von Hattin in seine Hände gefallen war. Als Gewährleistung, dass er diese Bedingungen in einer bestimmten Frist erfüllen würde, stellte uns Saladin zweitausendsiebenhundert Geiseln. Hielte er sich nicht an die Vereinbarung, würden wir die Geiseln töten.

Das HEILIGE KREUZ oder das Wahre Kreuz ist eine der wichtigsten Reliquien des Christentums. Nach christlichem Glauben ist es das Kreuz, an dem Jesus starb, um die Menschen von ihren Sünden zu erlösen.

Angespannt warteten wir nun darauf, dass Saladins Leute abzogen und wir die Stadt betreten durften. Wir beobachteten, wie die kühnen Krieger Akkon verließen, und ich empfand große Achtung vor ihnen, denn sie hatten sehr tapfer gekämpft, und sogar in der Niederlage bewahrten sie Haltung und gingen aufrecht an uns vorüber. Ich bewunderte ihren Stolz. Ich weiß nicht, ob ich den Verlust meiner Habe so würdevoll ertragen hätte.

Schließlich war der Augenblick gekommen: Die Tore wurden geöffnet. Neugierig sah ich mir die engen Gassen und die Märkte an. Es duftete nach Fisch, Gewürzen und süßen Früchten. Auf den Kirchen waren keine Kreuze mehr zu sehen; sie hatten in den letzten vier Jahren als Moscheen gedient. Richard bezog zusammen mit Berengaria und Johanna den Königspalast, während Philipp im Palast der Tempelritter Unterkunft fand. Die Könige hatten die Stadt in zwei Zonen geteilt und jeweils ihr Banner darüber gehisst – wie sie es vor dem Kreuzzug vereinbart hatten, teilten sie sich die Eroberung zu gleichen Teilen. Plötzlich gab es Unruhe.

„Bei Gottes Beinen, was ist denn das da?", brüllte Richard wütend und zeigte auf ein Banner, das weder ihm noch Philipp gehörte, das aber trotzdem keck über der Stadtmauer wehte.

Ich kniff die Augen zusammen, um bei der grellen Sonne besser sehen zu können. „Ich glaube, es ist das Banner von diesem Herzog Leopold, Herr", antwortete ich. „Leopold von Österreich."

„Wie kommt dieser Leopold darauf, hier sein Banner zu hissen!", tobte Richard. „Nur weil dieser erbärmliche Wicht mit seinen paar Leuten eine Handvoll Pfeile abgeschossen hat, kann er doch nicht den dritten Teil der Beute beanspruchen! Los, reißt diesen lächerlichen Fetzen herunter!"

Und so geschah es, dass das Banner des österreichischen Herzogs, der mit nur wenigen Leuten, dafür aber schon sehr lange vor Akkon gekämpft hatte, im Graben vor der Stadt landete. Natürlich war der Herzog darüber zutiefst empört. Nach dem Tod des deutschen Kaisers Friedrich Barbarossa war er der höchste Fürst des deutschen Kreuzheers. Richard hatte sich einen Feind geschaffen. Das sollte er noch bitter bereuen.

Es folgten zwei ruhige Wochen, in denen wir uns erholten. Während die Könige damit beschäftigt waren, das Kreuzfahrerreich neu zu ordnen, genoss der Großteil der christlichen Truppen das Leben. Auch ich überließ mich den Annehmlichkeiten, die das Morgenland zu bieten hatte: Ich labte mich an den köstlichen Speisen, dem würzigen Hammelfleisch oder Huhn mit Weizengrieß, den Datteln, den Aprikosen und Melonen, und erfreute mich an den bunten Farben der edlen Stoffe und an dem goldenen Licht, das abends über der Stadt lag. Fast jeden Abend gab es Musik und Tanz. Ein besonderes Vergnügen war jedoch der Besuch des öffentlichen Bads. Nur zu gern ließ ich mich dort verwöhnen, mit Dampfbädern, heißen und kalten Güssen und wunderbaren Massagen mit duftendem Öl.

Ende Juli waren die Könige übereingekommen, dass Guido von Lusignan König von Jerusalem bleiben sollte, solange er lebte. Nach seinem Tod sollte Konrad von Montferrat sein Nachfolger werden. Ich war froh, dass Philipp und Richard sich friedlich auf diese Lösung geeinigt hatten; das ließ mich hoffen, dass sie auch künftig während dieses Kreuzzugs an einem Strang ziehen würden. Doch weit gefehlt! Kaum war die Entscheidung in Sachen Guido und Konrad gefallen, verkündete der französische König, er werde die Heimreise antreten!

Als weiteren Grund für PHILIPPS ABREISE geben manche Chronisten an, der französische König habe Richards Arroganz nicht länger ertragen können. Fest steht, dass sich viele Franzosen für ihren König schämten und ihn als Feigling verspotteten.

Die Nachricht traf uns alle wie ein Gefäß mit griechischem Feuer. Gerade einmal drei Monate hatte Philipp es im Heiligen Land ausgehalten, und nun wollte er zurück in sein Reich. Als Grund nannte er seine schwache Gesundheit. Richard war mittlerweile genesen, und auch sein Haar wuchs schon wieder kräftig nach. Philipp war noch immer kahl, wirkte aber ansonsten gesund, weshalb wir alle vermuteten, dass es andere Gründe gab, die ihn zur Abreise veranlassten. Ein Grund betraf mich unmittelbar: Der Graf von Flandern war im Lager vor Akkon an dem tückischen Fieber gestorben. Da er keine Erben hatte, würde es unruhig werden in meiner Heimat. Bestimmt würde Philipp versuchen, die Machtverhältnisse in Flandern, wo ich ja auch ein Lehen innehatte, und vielleicht auch in der Picardie neu zu ordnen. Und sicher würde er die Gelegenheit nutzen wollen, um sich so viel wie möglich von Richards Reich anzueignen, solange der noch in Outremer weilte.

„Was ist, Blondel", wollte Richard wissen, „wirst du auch heimreisen? Ich sehe, dass du dich um deine Lehen und deine Familie sorgst."

„Nein", antwortete ich schweren Herzens, „ich werde mein Gelübde nicht brechen. Ich bleibe, bis es erfüllt ist. Und Ihr, Herr? Werdet Ihr heimreisen? Ich sehe, dass Ihr Euch um Euer Reich sorgt."

Richard lachte.

„Nein, Blondel", sagte er, „auch ich habe ein Gelübde zu erfüllen. Was immer Philipp anstellen mag, ich werde mit ihm fertig, wenn ich wieder zurück bin. Außerdem werde ich Boten losschicken, die meine Statthalter daheim warnen und ihnen Anweisungen überbringen werden. Ärgern würde es mich nur, wenn Philipp einen Geistlichen fände, der ihm die drei Monate Müßiggang im Heiligen Land als Pilgerreise anerkennt. Aber ansonsten hat es auch sein Gutes, dass ich ihn hier los bin."

Das war wohl richtig. Sicher war es gut, wenn Richard fortan allein den Oberbefehl hatte. Natürlich gefiel es ihm auch sehr, dass er die Beute künftig für sich allein beanspruchen konnte.

Bevor König Philipp am 31. Juli ein Schiff bestieg und in Richtung Frankreich davonsegelte, ließ er das Gerücht verbreiten, er hätte Akkon längst einnehmen können, habe aber aus Edelmut auf Richard gewartet, um den Sieg brüderlich mit ihm zu teilen. Was für ein eitler Dummkopf! Ich hatte ihn ja von Anfang an nicht leiden können, und als er an Bord ging, weinte ich ihm keine Träne nach. Schlecht war nur, dass ein Teil der französischen Truppen mit ihm abreiste, sodass wir von jetzt an mit weniger Soldaten auskommen mussten. Die Truppenteile Philipps, die in Outremer blieben, befehligte nun Herzog Hugo von Burgund.

Während Richard sogleich voller Eifer daranging, den weiteren Verlauf des Kreuzzugs zu planen, genossen seine Leute – ja, auch ich – weiterhin das süße Leben in Akkon. Wir konnten noch nicht nach Jerusalem aufbrechen, weil wir darauf warteten, dass Saladin die Geiseln auslöste. Doch obwohl die Frist näher und näher rückte, geschah nichts. Wir hatten die Stadt inzwischen wieder befestigt, und die Belagerungsmaschinen waren in den Bäuchen der Schiffe verstaut. Wir waren reisefertig. Aber auch als die Frist verstrichen war, hatte Saladin unsere Bedingungen noch nicht erfüllt.

„Was soll ich tun, Blondel?", fragte Richard, und ich konnte ihm ansehen, wie schwer ihm die Entscheidung, die er nun zu treffen hatte, auf der Seele lag. „Wir können nicht länger warten."

„Was sagt denn der Heeresrat, Herr?", fragte ich zurück. „Ihr habt ihn doch sicher einberufen."

„Ja", antwortete Richard düster. „Der Rat sagt, wir müssen die Geiseln töten."
Ich war zutiefst entsetzt.

„Aber Herr!", rief ich. „Das wäre barbarisch!"

„Saladin hat es auch getan", entgegnete Richard. „Nach der Schlacht von Hattin ließ er Ordensritter, die er gefangen genommen hatte, hinrichten. Und es heißt, auch jetzt habe er einige unserer Leute töten lassen."

„Das ist nicht gewiss", erwiderte ich. „Und selbst wenn es so wäre, gäbe es Euch nicht das Recht, ebenso zu handeln."

„Was habe ich denn für eine Wahl?", fragte Richard und sah mich an. „Sultan Saladin spielt auf Zeit. Wenn wir nicht bald aufbrechen, kommen wir nicht mehr vor dem Winter nach Jerusalem. Das weiß er, deshalb versucht er, die Verhandlungen zu verschleppen. Soll ich dieses Spiel etwa mitspielen? Wir müssen jetzt südwärts ziehen. Doch wenn wir die Geiseln mitnehmen, können wir sie nicht ernähren. Wenn sie in Akkon bleiben, kann niemand sie bewachen. Und wenn wir sie einfach freilassen, verliere ich das Gesicht. Saladin wird mich als Gegner nicht mehr ernst nehmen."

„Woher wollt Ihr das wissen?", fragte ich. „Vielleicht beeindruckt ihn ein Akt der Gnade und Barmherzigkeit mehr als Gewalt. Vielleicht versteht er dann, was Christentum bedeutet."

Richard schüttelte den Kopf.

„Nein, Blondel", sagte er, „ich glaube, du verstehst nicht, was Krieg bedeutet."

Damit war unser Gespräch beendet. Einen Tag später, am 16. August 1191, gab Richard den Befehl, die Geiseln zu enthaupten. Fast dreitausend Menschen wurden getötet. Es war abscheulich. Ich war fassungslos und schämte mich sehr, dass unsere Leute etwas so Grauenhaftes getan hatten. Obwohl ich wusste, dass Richard diese Entscheidung nicht leichten Herzens und dem Beschluss des Rates folgend getroffen hatte, konnte ich sie nicht billigen, und ich war tief enttäuscht von ihm.

Am nächsten Tag sammelte sich die Kreuzarmee vor den Toren von Akkon. Bald würden wir den Marsch nach Süden beginnen. Während der Zeit im Zeltlager ging ich Richard aus dem Weg. Als ich ihm doch einmal zufällig begegnete, fragte er mich: „Was denkst, du Blondel? Habe ich richtig gehandelt?"

„Als Feldherr mögt Ihr richtig gehandelt haben", sagte ich. „Aber nicht als Christ."

Sechs Tage nach der Hinrichtung der Geiseln setzte sich das Kreuzheer in Marsch. Richard hatte entschieden, dass wir zunächst entlang der Küste nach Jaffa ziehen würden, denn der Weg von Akkon nach Jerusalem durchs Binnenland führte über zahllose Hügel. Außerdem konnte uns, wenn wir in Küstennähe blieben, die Flotte unterstützen und mit Nachschub versorgen.

Richard war wie immer bestens vorbereitet. Er hatte sich in Akkon von Einheimischen beraten lassen, wie wir nach Jaffa gelangen könnten, ohne große Verluste zu erleiden. Wir wussten, dass wir von nun an den Angriffen von Saladins gefürchteter Reiterei ausgesetzt sein würden. Um dieser Gefahr zu begegnen, hatte Richard uns strengstens befohlen, geschlossen zu marschieren. Keinesfalls durfte das Heer auseinanderfallen. An der rechten Heeresflanke, also im Westen, boten uns das Meer und die Flotte, die uns begleitete, Schutz. Die linke Flanke war durch Fußsoldaten gesichert, die mit Bogen, Armbrust oder Lanze und Schilden bewaffnet waren. Bei einem Angriff der gegnerischen Reiterei sollten sie eine Art Mauer um das Ritterheer bilden und es verteidigen, bis der richtige Augenblick für einen Gegenangriff gekommen war. Die Fußsoldaten hatte Richard in zwei Gruppen eingeteilt: Eine Gruppe marschierte an der Ostflanke und gab dem Heer Deckung, die andere Gruppe zog an der Westflanke, wo keine Angriffe zu erwarten waren, und sammelte neue Kräfte. Wer sehr erschöpft war, durfte ein Stück auf einem der Schiffe mitfahren.

Offenbar sorgte die **HINRICHTUNG DER GEISELN** vor Akkon nicht nur auf muslimischer Seite für Entsetzen. Allein die Tatsache, dass Richards Chronisten – z. B. Roger von Howden – sehr bemüht waren, sein Handeln zu rechtfertigen, und betonten, dass er die Entscheidung nicht allein getroffen habe, lässt die Schlussfolgerung zu, dass auch viele Christen das Massaker als Akt der Barbarei verurteilten. Saladins Chronist Baha al-Din berichtet, viele Kreuzfahrer hätten die Hinrichtung nicht gebilligt.

Doch was nützt der beste Plan, wenn man sich nicht an ihn hält? Wir waren erst wenige Meilen von Akkon entfernt, als es plötzlich große Aufregung gab: Saladins Reiterei hatte unsere Nachhut angegriffen und versuchte, sie vom Hauptheer abzuschneiden! Richard tobte, weil Hugo von Burgund, der die aus französischen Truppen bestehende Nachhut kommandierte, seinen Befehl, unter allen Umständen dicht beisammen zu bleiben, missachtet hatte. Die Nachhut hatte einfach gebummelt! Wäre Richard nicht sofort mit seinen besten Rittern zu Hilfe geeilt, hätte diese Nachlässigkeit tödlich sein können. So gelang es, Saladins Leute nach einem heftigen Gefecht abzuwehren. Das war das letzte Mal, dass jemand einen Befehl von Richard nicht befolgte.

In diesem Kampf hatte sich Wilhelm des Barres, der Ritter, mit dem Richard auf Sizilien bei dem Zuckerrohrlanzenturnier in Streit geraten war, durch tapferen Einsatz hervorgetan. Richard war so beeindruckt, dass er von nun an keinen Groll mehr gegen ihn hegte.

Von nun an rückten wir langsam, aber stetig nach Süden vor. Unermüdlich ritt Richard hin und her, um seinen Soldaten Mut zu machen und zu überprüfen, ob die Marschordnung noch stimmte. Stück um Stück nahmen wir die Küste des Heiligen Landes wieder in Besitz. Doch viel hatte Saladin uns nicht übrig gelassen: Haifa, Caesarea Maritima – sämtliche Küstenstädte hatten seine Truppen dem Erdboden gleichgemacht, damit wir dort nichts mehr vorfänden, das irgendeinen Wert hatte. So waren wir gezwungen, unser Lager Nacht für Nacht mitten in der Wildnis aufzuschlagen.

Und diese Wildnis war unbarmherzig! Die Tagesmärsche waren eine einzige Quälerei. Gnadenlos brannte die Wüstensonne auf uns nieder. Am ersten Tag fürchtete ich, in meinem schweren Panzerhemd geröstet zu werden, so glühend

heiß waren die Eisenringe geworden. Ab dem zweiten Tag tauschte ich meinen bunten Waffenrock gegen ein langärmliges, weißes Waffenhemd, was die Hitze etwas erträglicher machte, aber ich schwitzte immer noch gewaltig und litt großen Durst. Dazu kam das unwegsame Gelände; der sandige Küstenstreifen war dicht mit Dornengestrüpp bewachsen, sodass es an manchen Stellen kaum ein Durchkommen gab. Ich war froh und dankbar, dass ich zu den Glücklichen gehörte, die beritten waren. Wie die Fußsoldaten diesen Weg durch die brütend heiße Wildnis bewältigten, ist mir noch heute ein Rätsel. Und nicht alle schafften es, viele blieben auf der Strecke. Ich glaube, es starben mehr von uns an Hitzschlag und Erschöpfung als durch die Pfeile der Reiter Saladins.

Letztere setzten uns allerdings auch mächtig zu. Immer wieder kamen Saladins Bogenschützen auf ihren flinken Pferden herangebraust, wie aus dem Nichts, und

Von Akkon bis Jaffa waren es hundert Kilometer, die die Kreuzfahrer bei hochsommerlicher Hitze in voller Rüstung zurücklegen mussten. Richard selbst schrieb in einem Brief, der VORMARSCH habe sich „mit viel Schweiß und starken Verlusten der Unseren" vollzogen.

Unter dem Ringpanzerhemd trug man ein dick gepolstertes WAMS, das meist aus Filz bestand und das man sich wie eine Art Steppjacke vorstellen kann. So konnten nur Stichwaffen oder aus nächster Nähe abgeschossene Pfeile den Panzer durchdringen und den Träger verletzen. Über dem Panzer trugen die Ritter in Europa einen bunten Waffenrock mit ihrem Wappen. Im Heiligen Land trugen sie wegen der Hitze stattdessen ein weißes Waffenhemd.

nahmen unsere Ostflanke oder die Nachhut unter Beschuss. Ihre Pferde waren so wendig und schnell, dass unsere schwer gepanzerten Ritter auf ihren kräftigen, aber etwas plumpen Rössern nur dann etwas gegen sie ausrichten konnten, wenn sie in geschlossener Formation, die Lanzen eingelegt, mit voller Wucht gegen sie anreiten konnten. Das gelang nur, wenn sie den richtigen Zeitpunkt abwarteten. Es war eine wahre Geduldsprobe. Auch unsere Armbrust- und Bogenschützen mussten all ihre Kunst aufbieten, um die Angreifer zu treffen – man hätte genauso gut versuchen können, auf einen Mückenschwarm zu schießen. Zum Glück hielten unsere Panzerhemden und das gepolsterte Wams darunter den Großteil der Pfeile und Bolzen ab. Doch wenn Saladins Reiter aus kurzer Entfernung zum Schuss kamen, konnten sie unsere Leute töten oder verwunden. Sie waren sehr sichere Schützen; selbst wenn sie im vollen Galopp schossen, trafen ihre Pfeile noch ihr Ziel. Die ständigen Angriffe kosteten unsere Fußsoldaten viel Kraft.

Als wäre das alles nicht genug, fanden wir nicht einmal nachts Erholung und den so bitter nötigen Schlaf. Kaum hatten wir uns in unseren Zelten ausgestreckt, todmüde von den Anstrengungen des Tages, kamen gleich scharenweise riesige Spinnen aus ihren Löchern gekrabbelt. Dieses grässliche Ungeziefer war nicht nur widerwärtig anzusehen – die Tiere konnten auch beißen, und an der Bissstelle gab es sofort eine starke, sehr schmerzhafte Schwellung. Ich hatte zwar Theriak dabei, das den Schmerz linderte, wenn man es auf die betroffene Stelle auftrug, aber ich hätte trotzdem gut auf diese Plage verzichten können. Bald entdeckten wir, dass die Spinnen Lärm nicht mochten. Wir stellten also Wachen auf, die, sobald sie angekrochen kamen, auf alles hämmerten, was Lärm machte: Helme und Schilde, Kessel und Kochtöpfe. Nun wurden wir immerhin seltener gebissen. Ich glaube allerdings nicht, dass irgendjemand bei diesem gewaltigen Krach zur Ruhe kam. Nach wenigen Tagen waren wir alle mit unseren Kräften am Ende. Es schien uns, als gingen wir im Heiligen Land durch die Hölle. Ich weiß nicht mehr, wie oft ich mich nach einem verzweifelten Abendgebet völlig erschöpft in einen kurzen Schlaf weinte, der entweder durch den Biss einer Spinne oder ohrenbetäubenden Lärm beendet wurde.

THERIAK galt im Mittelalter als Allheilmittel, wurde aber insbesondere gegen den Biss giftiger Tiere eingesetzt. Es enthielt u. a. Opium und Schlangenfleisch. Dazu kamen verschiedene Pflanzendrogen. Als Trägermasse der Paste diente Honig.

Als wir etwa zehn Tage unterwegs waren – mir schienen es zehn Wochen zu sein! –, mussten wir weiter im Binnenland ziehen als sonst, weil das Gestrüpp an der Küste so dicht und zäh war, dass wir beim besten Willen nicht mehr hindurchkamen. Also quälten wir uns über die Berge in einer trostlosen Wüstengegend. Saladins Reiterei nutzte diesen Umstand, um uns noch hartnäckiger anzugreifen als in den Tagen zuvor. Die Tempelritter, die an diesem Tag die Nachhut bildeten,

In den Chroniken werden die SPINNEN fälschlicherweise als „Taranteln" bezeichnet. In Wirklichkeit könnte es sich um Riesenkrabbenspinnen gehandelt haben.

verloren zahllose Pferde. Wir taten unser Bestes, um ihnen zu helfen, aber Saladins Bogenschützen hatten den Ring unserer Fußsoldaten durchbrochen und konnten nun unsere Ritter zum Nahkampf herausfordern. Dabei setzten sie Schwerter, kurze Lanzen oder Speere und Keulen mit Eisenspitzen ein. Gegen diese Waffen boten unsere Panzerhemden nur wenig Schutz.

Auch Richard war den bedrängten Templern zu Hilfe geeilt. Plötzlich sah ich, wie er von einem mit Wucht geschleuderten Speer in die Seite getroffen wurde. Auf seinem weißen Waffenhemd erschien ein roter Fleck. Blut.

„Richard!", rief ich (vor Schreck vergaß ich die höfliche Anrede) und lenkte mein Pferd so schnell wie möglich durch das Kampfgetümmel auf ihn zu. Auch wenn ich nach den Geschehnissen in Akkon nicht mehr sicher war, ob ich noch Freundschaft für Richard empfand – in diesem Augenblick wusste ich immerhin, dass mir sein Schicksal nicht gleichgültig war.

Als ich bei ihm ankam und fragte, ob ich ihn zu seinem Zelt bringen solle, winkte er ab.

„Keine Sorge", sagte er, „nur ein Mückenstich."

Ich glaubte ihm nur halb, denn ich wusste aus eigener Erfahrung, dass einem „Mückenstiche" dieser Art ordentlich zu schaffen machen konnten. Erst als ich sah, dass er weiterkämpfte, als sei nichts geschehen, war ich einigermaßen beruhigt. Die Wunde schien Richard nicht zu behindern, eher ließ ihn der Schmerz noch wütender kämpfen. Schließlich gelang es uns, auch diesen Angriff der kühnen Reiter Saladins abzuwehren.

Am Abend rief mich Richard in sein Zelt. Ich fand ihn auf seinem Lager ausgestreckt, doch als ich kam, setzte er sich auf. Sein Leibarzt hatte die Wunde versorgt und ihm einen nach Kräutern duftenden Salbenverband angelegt.

„Ihr solltet Euch etwas Ruhe gönnen, Herr", sagte ich. „Auch eine kleine Wunde kann gefährlich werden."

„Es geht mir gut", versicherte Richard. „Morgen ziehen wir weiter."

„Dann solltet Ihr wenigstens nicht den ganzen Heereszug abreiten", mahnte ich. „Das kostet Euch zu viel Kraft."

„Wenn ich nicht darauf achte, fällt das Heer auseinander", erwiderte Richard. „Ich muss das überprüfen. Und ich muss für meine Leute da sein. Ich muss sehen, ob jemand Hilfe braucht, ob ich ihn auf ein Schiff schicken muss, damit er sich erholen oder wenigstens in Frieden sterben kann. Wenn ich mich nicht um sie kümmere, verlässt meine Soldaten der Mut."

Natürlich hatte er recht. Trotzdem beneidete ich ihn nicht um diese Aufgabe.

„Warum habt Ihr mich rufen lassen, Herr?", fragte ich, als Richard schwieg.

„Weil ich dich um etwas bitten wollte, Blondel", antwortete Richard. „Übermorgen erwarte ich Saladins Bruder, Saphadin, zu einem ersten Gespräch. Es wäre schön, wenn du daran teilnehmen würdest. Du könntest Musik für uns machen. Und ich weiß, dass du in Akkon ein wenig Arabisch gelernt hast."

„Ich werde gern dabei sein", sagte ich und freute mich sehr, Saladins Bruder endlich kennenzulernen. Eigentlich hatte Richard ihn schon in Akkon treffen wollen. Leider war dieses Treffen nicht zustande gekommen, weil Richard zu krank gewesen war. „Allerdings", wandte ich ein, „habe ich nur ein paar Brocken Arabisch aufgeschnappt. Das reicht sicher nicht für wichtige Verhandlungen."

„Muss es auch nicht", sagte Richard. „Humfried von Toron wird für uns übersetzen. Aber es wird Saphadin gefallen, wenn noch jemand seine Sprache spricht."

„Der Sultan selbst wird nicht zugegen sein?", fragte ich.

„Nein", antwortete Richard. „Er ist nach wie vor der festen Überzeugung, Feldherren sollten einander erst begegnen, wenn der Krieg vorbei ist. Das habe ich zu respektieren."

„Nun", sagte ich, „dann werde ich darüber nachdenken, welche Lieder ich Saphadin vortragen kann."

Ich war ziemlich aufgeregt vor diesem Treffen. Doch die Aufregung legte sich, kaum dass ich Saphadin gesehen hatte. Ich mochte ihn auf Anhieb. Er war etwa Mitte vierzig, schlank, zierlich und gut aussehend, und er hatte ein angenehmes

HUMFRIED IV. war Herr der Kreuzfahrerfestung Toron im heutigen Südlibanon. Da er fließend Arabisch sprach, führte er in Richards Auftrag die Verhandlungen mit Saladin und dessen Bruder. Als Humfrieds Frau Isabella zur Thronerbin des Königreichs Jerusalem wurde, sorgte Konrad von Montferrat dafür, dass ihre Ehe mit Humfried geschieden wurde: Konrad heiratete Isabella in der Hoffnung, durch sie König von Jerusalem zu werden.

Auftreten. Obwohl er sehr einfach gekleidet war, strahlte er eine große Würde aus. Er musterte mich aus seinen klugen dunklen Augen, lächelte, sagte in seiner bildhaften Sprache, mein Haar sei wie eingefangenes Sonnenlicht, und nachdem ich für ihn gespielt hatte, lobte er meine Musik. Er fand sie ein bisschen fremd, aber sehr schön. Ich merkte, dass auch Richard den Bruder des Sultans mochte und dass das auf Gegenseitigkeit beruhte. Leider blieb es vorerst bei freundlichen Worten auf beiden Seiten – die Friedensverhandlungen kamen nicht voran.

„Netter Kerl", sagte Richard, als Saphadin gegangen war. „Und ein schlauer Fuchs", fügte er anerkennend hinzu. „Das wird ein zähes Ringen. Immerhin wissen wir jetzt, mit wem wir es zu tun haben."

Ja, das wussten wir. Nun hatten wir unseren Gegner kennengelernt. Aber es machte mir die Aufgabe, gegen ihn zu kämpfen, nicht leichter.

Ich musste es trotzdem tun, und das schon sehr bald. Zunächst allerdings mussten wir auf unserem Zug nach Süden einen Wald durchqueren. Es war die erste Septemberwoche, und nach der langen Sommerhitze war der Wald staubtrocken. Der kleinste Funke hätte einen furchtbaren Brand entfacht. Wir hatten große Angst, da hineinzugehen, denn es ging das Gerücht, Saladin werde Feuer legen, sobald wir den Wald betreten hatten. Angespannt lauschten wir auf jedes Knistern und Knacken. Doch alles ging gut. Wir atmeten auf, als der Wald hinter uns lag. Und hielten den Atem vor Schreck gleich wieder an: Jenseits des Waldes hatten wir freien Blick auf die Ebene von Arsuf, und dort erwartete uns der Sultan mit einer mächtigen Armee! Seine Soldaten schienen die ganze Ebene zu füllen. Wir würden uns ihnen stellen müssen. Saladin wollte eine Entscheidungsschlacht.

Richard sah sich nun, bei aller Erfahrung als Feldherr, einer ganz neuen Aufgabe gegenüber. Er hatte ein Heer befehligt, das einem anderen drohend gegenüberstand, ohne dass es zur Schlacht kam; er hatte Burgen und Städte belagert; er hatte an kleineren Gefechten teilgenommen. Doch er hatte noch nie eine offene Feldschlacht geführt. Trotzdem ließ er sich nicht aus der Ruhe bringen. Früh am nächsten Morgen prüfte er sorgfältig unsere Kampfordnung. Die Tempelritter bildeten die Vorhut, danach kamen die Soldaten aus der Bretagne und Anjou, dann die Poiteviner unter der Führung von König Guido, dann die Normannen und die Engländer, dann die Franzosen und schließlich die Johanniter als Nachhut.

„Bleibt dicht beisammen", schärfte Richard uns noch einmal ein. „Es darf nicht möglich sein, einen Apfel in unsere Reihen zu werfen, ohne dass ein Mann oder ein Pferd getroffen wird. Und lasst euch nicht zu eigenmächtigen Gegenangriffen hinreißen! Habt Geduld und wartet auf meinen Befehl!"

Damit setzten wir uns langsam in Bewegung. Richard und seine besten Ritter galoppierten auf und ab, um zu prüfen, ob das Heer zusammenhielt. Wir waren noch nicht weit gekommen, als sich ein tosender Lärm erhob: Saladins Leute empfingen uns mit Trompeten, Trommeln und Tamburinen, dazu mit lautem Gebrüll und Gejohle. Dann sahen wir sie, wie sie auf uns zukamen, in geordneten Reihen, prächtig gekleidet, mit bunten Bannern und Wimpeln, die wild flatterten, während sie auf ihren zierlichen, edlen Pferden heranpreschten. Was für ein Anblick, schön und schrecklich zugleich! Bald hagelte es Pfeile und Speere auf uns. Es fiel uns Rittern sehr schwer, die Abwehr einstweilen den Fußsoldaten zu überlassen und untätig auf Richards Befehl zum Gegenangriff zu warten. Vor allem die Johanniter in der Nachhut gerieten in arge Bedrängnis und baten Richard mehrfach, losschlagen zu dürfen, doch stets lautete seine Antwort, der richtige Augenblick sei noch nicht gekommen. Ich wusste, dass er recht hatte; wir mussten warten, bis die schnellen Pferde von Saladins Reiterei müde wurden. Aber das Stillhalten zerrte an unseren Nerven. Ich beschäftigte mich damit, die Pfeile und Armbrustbolzen aus meinem Panzerhemd zu pflücken, die darin feststeckten. Zum Glück hatten sie höchstens ein paar blaue Flecken hinterlassen. Als ich wieder aufsah, stellte ich fest, dass Saladins Truppen uns eingekreist hatten.

„Wie eine Herde Schafe, umringt von einem Rudel Wölfe", sagte der Ritter neben mir leise. Damit sprach er aus, was wohl alle dachten. Sehnsüchtig warteten wir auf die sechs Trompetenstöße – zwei in der Vorhut, zwei im Zentrum, zwei in der Nachhut –, die den Befehl zum Gegenschlag verkündeten, doch sie blieben aus.

Mit der Zeit wurde das Ausharren unerträglich. Die Sonne brannte auf uns nieder, wurde nur durch den Staub verdunkelt, den Saladins Reiter aufwirbelten, und durch den Pfeilhagel, der unablässig auf uns herabprasselte. Dazu kam der ohrenbetäubende Lärm, den Saladins Leute machten. Schließlich verloren zwei Ritter aus der Nachhut die Nerven, hielten es nicht mehr aus, die Angriffe tatenlos zu erdulden. Viele Johanniter waren verwundet, viele ihrer Pferde getötet worden. Jetzt schlugen die beiden Ritter zurück, preschten mit eingelegten Lanzen in die Reihen von Saladins Reitern.

Sofort befahl Richard den Gegenangriff, sonst wäre es um die Nachhut geschehen gewesen. Die Fußsoldaten bildeten Lücken in ihren Reihen und machten uns, den Rittern, Platz. Geschlossen galoppierten wir gegen Saladins Truppen. Sie konnten uns nicht standhalten und mussten zurückweichen.

Das wiederholte sich einige Male. Noch nie hatte ich so viel feinen, heißen Staub geatmet! Manchmal war der Himmel so finster vom Staub der Wüste, dass wir kaum Freund und Feind unterscheiden konnten. Mehrfach versuchten Saladins Leute, uns in die Falle zu locken; wir sollten uns dazu hinreißen lassen, sie in unwegsames Gelände zu verfolgen und dabei unseren Zusammenhalt verlieren. Dann hätten wir gegen die wendigen Reiter keine Chance gehabt. Aber Richard gebot jedem Angriff sofort Einhalt, wenn wir Saladins Reitern zu weit gefolgt waren und Gefahr liefen, in kleine Gruppen zu zerfallen.

Als Saladins Truppen die Kräfte schwanden, führte Richard, zusammen mit Wilhelm des Barres, eine Reihe von Sturmangriffen. Endlich sah der Sultan ein, dass seine Leute nichts mehr gegen uns ausrichten konnten, und zog seine Truppen ab.

Was für ein Triumph! Wir hatten den Sieger von Hattin geschlagen. Der Sieg in der Schlacht von Arsuf machte uns Mut. Mit größerer Zuversicht als zuvor setzten wir den Marsch in Richtung Jaffa fort. Von dort aus würden wir nach Osten durchs Binnenland ziehen: nach Jerusalem.

Jerusalem

September 1191 bis September 1192

Wenige Tage nach der Schlacht von Arsuf erreichten wir Jaffa. Oder besser: das, was von Jaffa übrig war. Saladin hatte auch diese Küstenstadt dem Erdboden gleichmachen lassen. Doch das störte uns wenig. Wir waren heilfroh, den dreiwöchigen Marsch von Akkon bis hierher überstanden zu haben, und begnügten uns gern damit, unsere Zelte in einem wunderschönen Olivenhain vor den Toren der Stadt zu errichten. Was für eine Wohltat, sich im Schatten der knorrigen alten Bäume von dem mühevollen Marsch auszuruhen! Wir glaubten, den Garten Eden gefunden zu haben: Rund um Jaffa wuchsen nicht nur Oliven, sondern auch Weintrauben, Orangen, Feigen, Granatäpfel und die allerköstlichsten Mandeln. Jetzt, Mitte September, bogen sich die Zweige unter den Früchten, und wir aßen uns nach Herzenslust satt. Was wir sonst noch brauchten, kam per Schiff aus Akkon zu uns.

Der Einzige, der sich keine Ruhe gönnte, war Richard. Rastlos plante er das weitere Vorgehen und beriet sich mit den Angehörigen des Hochadels. Eines Abends rief er mich zu sich, weil ich für ihn singen sollte. Ich merkte sofort, dass er wütend war.

„Sie wollen es einfach nicht einsehen", sagte er auf meine Frage, was vorgefallen sei. „Sie wollen nicht einsehen, wie wichtig Askalon ist. Saladin ist gerade dabei, es niederreißen zu lassen. Das haben mir meine Kundschafter berichtet. Aber der Herzog von Burgund und seine Leute wollen nichts dagegen tun. Sie wollen lieber Jaffa aufbauen und von hier aus nach Jerusalem ziehen. Ich habe mit Engelszungen auf sie eingeredet, damit sie begreifen, dass wir Askalon als Stützpunkt für unsere Pilger brauchen. Wenn Saladins Truppen die Stadt jetzt schleifen, müssen wir sie von Grund auf wiedererrichten. Es wäre einfacher, zu verhindern, dass sie

JAFFA ist eine sehr alte Stadt. Der Hafen soll schon in der Bronzezeit genutzt worden sein. Heute bildet Jaffa mit seinem ehemaligen Vorort Tel Aviv die israelische Großstadt Tel Aviv-Jaffa.

die Mauern einreißen. Aber die Franzosen stellen sich quer. Bei Gottes Beinen, so ein stures Volk!"

Ich verstand Richards Ärger. Bei aller Ungeduld, nun endlich nach Jerusalem zu ziehen, leuchtete es mir doch ein, dass wir auf Askalon nicht verzichten konnten. Aber es gelang Richard nicht, Herzog Hugo und die französischen Adligen davon zu überzeugen, und so gab er zähneknirschend den Befehl, zunächst Jaffa wieder zu befestigen. Askalon überließen wir seinem Schicksal.

Während das Kreuzheer mit dem Wiederaufbau Jaffas beschäftigt war, vertrieb sich Richard die Zeit auf seine Weise. Immer wieder unternahm er Erkundungsritte in die Umgebung, auf denen ihn nur wenige Ritter begleiteten. Dass er dabei oft in gegnerisches Gebiet eindrang, kümmerte ihn wenig. In Jaffa ließen sie uns in Ruhe, doch Saladins Truppen lagerten in den Bergen ringsum, und es war gefährlich, einfach so durch die Gegend zu reiten. Richard wusste das, ließ es sich aber nicht ausreden. Wir flehten ihn an, es zu unterlassen, mahnten ihn, er gefährde das ganze Unternehmen, denn ohne seine Führung würden wir Jerusalem nie erobern. Sein Handeln sei nicht mutig und ritterlich, sondern töricht und leichtsinnig. Ach, wir hätten genauso gut auf einen Felsen in der Wüste einreden können! Richard hörte nicht auf uns.

Eines Tages, es war Ende September, kam es, wie es kommen musste. Wir, Richard und ein knappes Dutzend Ritter, waren wieder einmal unterwegs. Diesmal verbanden wir den Erkundungsritt mit einer Falkenjagd. Plötzlich tauchten, wie aus dem Nichts, ein paar von Saladins Reitern auf und griffen uns an. Als wir uns wehrten, machten sie kehrt und flohen. Richard wollte sie verfolgen, also setzten wir ihnen nach. Kurz darauf waren wir von einem größeren Reitertrupp umzingelt. Sie hatten uns in die Falle gelockt! Wir zogen unsere Schwerter und kämpften mit aller Kraft, aber ich glaubte nicht, dass wir lebend davonkämen. Saladins Leute waren uns klar überlegen. Ich sah, wie einer unserer Ritter fiel, dann ein weiterer, dann noch zwei andere. Da tat ein Ritter, Wilhelm de Préaux, etwas, das ich ihm nie vergessen werde: Laut rief er den Angreifern zu, er sei der englische König!

ASKALON war eine wichtige Hafenstadt. Hier hätte man die christlichen Pilger mit Lebensmitteln aus Zypern versorgen können, bevor sie sich auf den Weg nach Jerusalem machten. Strategisch noch bedeutender war aber, dass Askalon an einer großen Handelsstraße lag, die Ägypten mit Syrien verband. Für Richard war Askalon das Tor zum fruchtbaren Niltal.

Sofort stürzten sich alle auf ihn, nahmen ihn gefangen und schleppten ihn fort. So konnten wir anderen entkommen. Zurück im Lager zitterte ich am ganzen Leib. Vier von unseren Rittern hatten Richards Leichtsinn mit dem Leben bezahlt, und ich betete für den armen Wilhelm, der sich so tapfer für uns alle geopfert hatte.

Trotz dieses Vorfalls setzte Richard seine Erkundungsritte fort. Ich zog es vor, künftig nicht mehr daran teilzunehmen. Weitaus sinnvoller erschien es mir, Richard bei den Verhandlungen mit Saladins Bruder zu unterstützen. Im Oktober durfte ich Richard zu einem erneuten Treffen mit Saphadin begleiten. Er empfing uns in seinem Zelt. Humfried von Toron übersetzte für uns.

„Friede!", begrüßte uns Saphadin, wie es in seiner Heimat Sitte war, und bat uns, auf den leuchtend bunten, wunderschön bestickten Seidenkissen Platz zu nehmen. Wir wurden aufs Beste bewirtet: Als Vorspeise gab es Datteln und Buttermilch, dann zartestes Hammelfleisch mit einer Paste aus Kichererbsen und zum Abschluss Süßigkeiten aus Honig und Mandeln. Nach dem Essen fragte Richard, ob Saphadin Musiker in seinem Gefolge habe und ob es möglich sei, dass sie uns etwas vorspielen würden. Sofort rief Saphadin eine sehr schöne Frau herbei, die für uns sang und

Nachdem er Verstärkung geholt hatte, nahm Richard die Verfolgung auf, um Wilhelm zu befreien, doch er konnte Saladins Reiter nicht mehr einholen. So blieb WILHELM DE PRÉAUX ein Jahr in Gefangenschaft. Dann gelang es Richard, ihn auszulösen.

sich dabei auf einer kleinen Harfe begleitete. Die Musik klang zunächst ein wenig fremd, aber nicht so fremd, dass ich sie nicht verstanden hätte. Ich erkannte darin die gleichen Gefühle, die gleichen Sehnsüchte wie in der Musik unserer Trouvères und Troubadoure. Sie waren nur in etwas andere Melodien gekleidet. Ich genoss diesen Vortrag sehr, und auch Richard hatte er gut gefallen.

Bei der nächsten Zusammenkunft begann Richard mit den Verhandlungen.

„Mein Freund und Bruder Saphadin", sagte er, „dieser Krieg währt nun schon vier lange Jahre. Auf beiden Seiten sind die Kräfte erschöpft, an Männern wie an Vorräten. Es ist höchste Zeit für einen Frieden. Zuvor müssen wir jedoch über drei Punkte reden: Jerusalem, das Land von hier bis jenseits des Jordan und das Wahre Kreuz. Jerusalem ist uns heilig; wir werden es niemals aufgeben, selbst wenn nur noch einer von uns dafür kämpfen könnte. Auch auf das Land werden wir nicht verzichten. Und das Kreuz mag für Euch nur ein Stück Holz sein, doch für uns ist es von größtem Wert. Wenn Euer Bruder, der Sultan, es uns zurückgeben würde, könnten wir endlich Frieden schließen und nach all den Mühen tief durchatmen."

„Mein Freund und Bruder Richard", antwortete Saphadin, „auch für uns wäre ein Frieden äußerst wünschenswert. Doch Jerusalem ist uns genauso heilig wie Euch. Wir werden Euch diese Stadt nicht überlassen. Das Land von hier bis jenseits des Jordan gehörte uns. Ihr hattet es uns genommen. Was das Kreuz angeht: Sein Besitz ist für uns von großem Vorteil. Wir würden es nur aus der Hand geben, wenn wir dadurch etwas für den Islam gewinnen könnten."

Und dabei blieb es. Keiner wollte von seinen Forderungen abrücken. Richard und Saphadin trennten sich mit einer freundschaftlichen Umarmung, aber ohne die Aussicht auf einen baldigen Frieden.

Daran änderte sich auch in den folgenden Wochen nichts. Saladin und Richard machten einander wertvolle Geschenke – der Sultan sandte Richard einen prächtigen weißen Jagdfalken, und Richard schickte Saladin ein edles andalusisches Pferd –, aber die Verhandlungen brachte das nicht weiter. Im Heer regte sich

Unmut darüber, dass Richard sich so gut mit Saphadin verstand und mit Saladin Geschenke austauschte. Die Soldaten wollten die Sache lieber auskämpfen, diese engstirnigen Dummköpfe.

Im Oktober reiste Richard mit dem Schiff zurück nach Akkon, um abtrünnigen Soldaten ins Gewissen zu reden. Manch einer hatte nämlich vergessen, dass er sich auf einer Pilgerreise befand, und frönte lieber dem Müßiggang, als sich dem eigentlichen Ziel dieses Kreuzzugs zu widmen. Nachdem Richard seine Leute ermahnt hatte, weniger zu feiern und mehr zu kämpfen, kehrte er nach Jaffa zurück. Zu meiner Überraschung hatte er Berengaria und seine Schwester Johanna mitgebracht. Ich wunderte mich, denn die beiden Frauen hatten es in Akkon bequemer gehabt als hier in Jaffa. Doch bald erfuhr ich des Rätsels Lösung.

Bei seinem nächsten Treffen mit Saphadin machte Richard einen Vorschlag, der mich zugleich verblüffte und begeisterte: Richard fragte, was Saphadin davon halte, Johanna zu heiraten! Und zu meiner noch größeren Verblüffung war Saphadin nicht abgeneigt. Richards Schwester und Saladins Bruder! Was für ein Bündnis hätte das sein können zwischen Morgenland und Abendland, zwischen Christentum und Islam! Leider kam es nicht zustande. Johanna wollte Saphadin nur heiraten, wenn er zum Christentum überträte, und dagegen erhob Sultan Saladin Einspruch. Ich konnte es verstehen. Aber ich war dennoch sehr enttäuscht.

Allmählich war ich der Gärten rund um Jaffa, so schön sie auch sein mochten, überdrüssig. Sogar des süßen Weines! Ich hätte es nie für möglich gehalten, aber ich sehnte mich nach dem herben Geschmack der Weine meiner Picardie. Selbst die sauren Weine Englands erschienen mir aus der Ferne köstlich (gut, das wohl wirklich nur aus der Ferne ...). Ja, ich hatte Heimweh! Ich wollte nach Hause zu meiner Familie, die ich so viele Monate nicht gesehen hatte.

Daher war ich froh und erleichtert, als am letzten Oktobertag, dem Tag vor Allerheiligen, endlich der Marschbefehl kam und wir die letzte Etappe unserer langen Pilgerreise begannen: Wir brachen auf nach Jerusalem. Es ging sehr langsam voran, denn wir mussten darauf achten, dass unsere Versorgungslinie nicht abriss, jetzt wo uns die Flotte nicht mehr begleiten konnte, aber immerhin: Das Ziel rückte näher! Zweimal unterbrachen wir den Marsch, um von Saladin zerstörte Festungen wiederaufzubauen. Sie sollten den Pilgerweg von Jaffa nach Jerusalem sicherer machen.

Ende November erreichten wir Ramlah. Nun waren wir noch etwa dreißig Meilen von der Heiligen Stadt entfernt. Doch da der Winterregen eingesetzt hatte, unterbrachen wir den Marsch für einige Wochen. Erst als Richard erfuhr, dass Saladin, wie es im Winter üblich war, sein Heer aufgelöst hatte, rückten wir weiter vor. Wir feierten Weihnachten in Latrun und zogen dann weiter nach Betenoble.

Nur noch zwanzig Meilen bis Jerusalem! Leider versperrten uns die kargen Hügel den Blick auf die Heilige Stadt. Doch selbst wenn das Land ringsum flach wie ein picardischer Pfannkuchen gewesen wäre, hätten wir von Jerusalem nicht viel sehen können, denn kaum hatten wir unser Lager aufgeschlagen, ging eine wahre Sintflut auf uns nieder! Weder in der Picardie noch in England hatte ich je solche Regengüsse erlebt. Dazu kamen Hagelschauer und heftige Stürme, die unsere Zeltpflöcke herausrissen. Bald standen wir knietief im Schlamm, nirgendwo gab es mehr ein trockenes Fleckchen. Unsere Pferde und Maultiere fanden nichts mehr zu fressen. Uns ging es kaum besser; unsere Fleischvorräte verfaulten und unser Brot weichte auf. Trotzdem war die Stimmung erstaunlich gut. Zuversichtlich schabten wir den Rost von unseren Panzerhemden und polierten sie eifrig auf Hochglanz, um mit Würde in die Heilige Stadt einziehen zu können.

Nur Richard wirkte, als läge ihm etwas auf der Seele. Hatte er vielleicht erfahren, dass Saladin seine Armee wieder zusammengezogen hatte, noch größer und schlagkräftiger als zuvor? Wir wussten, dass er Verstärkung aus Ägypten erwartete. War sie inzwischen eingetroffen? Mitte Januar, einige

Tage nach dem Dreikönigsfest, fragte ich Richard, was ihn quälte. Er bat mich in sein Zelt und sah mich an. Er war sehr ernst.

„Blondel", begann er, „ich weiß, dass es dich schmerzen wird, was ich dir jetzt sage, denn du sehnst dich nach deiner Familie und hattest gehofft, dein Gelübde sei bald erfüllt. Doch gerade hat der Heeresrat beschlossen, vorerst auf die Eroberung Jerusalems zu verzichten."

Ich hatte das Gefühl, den Boden unter den Füßen zu verlieren.

„Herr", sagte ich, „Ihr habt uns bis hierher geführt, wo uns Jerusalem zu Füßen liegt, und jetzt befehlt Ihr uns, umzukehren? Hunger und Durst, Hitze und Hagel, die Pfeile von Saladins Reitern, all das haben wir geduldig ertragen, und jetzt soll die ganze Schinderei umsonst gewesen sein? Verzeiht, Herr, aber das verstehe ich nicht."

„Doch, Blondel", sagte Richard, „du verstehst es. Dein Herz weigert sich, aber dein Verstand wird dir die Erklärung liefern."

„Liefert Ihr sie mir", verlangte ich wütend, denn ich war zu aufgewühlt, um klar denken zu können.

„Wir könnten Jerusalem jetzt erobern", antwortete Richard. „Aber wir könnten es nicht lange halten. Dazu bräuchten wir christliche Siedler, die hier dauerhaft wohnen. Ich habe an den Abt von Clairvaux geschrieben und ihn gebeten, Siedler anzuwerben, doch es wird eine Weile dauern, bis sie hier eintreffen. So lange können wir Jerusalem nicht verteidigen. Außerdem denke ich, wir sollten zunächst Kairo und Alexandria belagern. Das Niltal ernährt das Heilige Land. Nur wenn wir Ägypten erobern, Saladin die Nachschublinie abschneiden und uns selbst mit Getreide aus dem Süden versorgen können, wird Jerusalem auf Dauer unter christlicher Herrschaft sein."

Ich traute meinen Ohren nicht. Richard wollte also tatsächlich zu einem Ägyptenfeldzug aufbrechen. Es hatte schon entsprechende Gerüchte im Heer gegeben, aber ich hatte sie nicht ernst genommen (oder nicht ernst nehmen wollen).

„Herr", erwiderte ich, „das könnt Ihr Euren Soldaten nicht antun. Sie sind gekommen, um die Heilige Stadt zu erobern. Wie könnt Ihr sie da ins Niltal schicken?

Mit Verlaub, aber bald glaube ich, Bertran de Born hatte recht, als er Euch seinen Herrn ‚Ja und Nein' nannte. Mir scheint, Ihr wisst nicht, was Ihr wollt."

„Du irrst, Blondel", sagte Richard. „Ich weiß sehr wohl, was ich will. Was ich vorhabe, ist der einzige Weg, Saladins Macht zu zerschlagen und das Heilige Land zu beherrschen. Wenn wir Ägypten erobern, bekommen wir Jerusalem als Dreingabe. Alles andere wäre nicht von Dauer."

Vielleicht war das so. Aber ich ahnte, dass die meisten Kreuzfahrer das nicht einsehen würden. Sie waren müde und hatten Heimweh; nur die Aussicht auf eine baldige Erfüllung ihres Pilgergelübdes hielt sie aufrecht. Ein Feldzug nach Ägypten hieß, unsere Heimreise würde sich um mehrere Monate, wenn nicht gar ein Jahr verzögern. Wie wollte Richard seinen Leuten das beibringen?

Und in der Tat: Bisher waren die Soldaten Richard bereitwillig gefolgt, sie hatten ihm vertraut und ihn als Feldherrn bewundert und verehrt. Damit war es jetzt, als der Befehl zum Rückzug kam, vorbei. Der Eroberer von Zypern und Akkon, der Sieger von Arsuf scheute vor dem Angriff auf Jerusalem zurück und machte vor den Toren der Heiligen Stadt kehrt! Fassungslosigkeit, Wut und Verzweiflung breiteten sich im Heer aus wie ein Fieber. Völlig erschöpft und unter Flüchen – viele davon betrafen Richard – kämpften wir uns durch den tiefen Schlamm zurück an die Küste. Noch immer schüttete es wie aus Kübeln. Das einzig Gute daran war, dass es nicht so auffiel, wenn einem außer dem Regen auch Tränen die Wangen herunterliefen.

Während mir der Regen, vermischt mit nadelspitzen Schneeflocken, ins Gesicht wehte und ich hoffte, dass sich mein treues Pferd im tiefen Morast nicht die Beine brechen würde, dachte ich über Richards Worte nach. Natürlich hatte er recht. Was nützte es, Jerusalem zu erobern, wenn wir es nicht halten konnten? Richard hatte sich von den Tempelrittern und Johannitern, die hier lebten und sich bestens auskannten, beraten lassen, und sie hatten gesagt, er solle abziehen. Ja, wir brauchten christliche Siedler. Und ja, es wäre gut, Getreide aus dem Niltal nach Jerusalem bringen zu können. Es war alles sehr vernünftig. Aber manchmal ist es gar nicht so leicht, vernünftig zu sein.

In einem seiner *Sirventes* gibt der Troubadour Bertran de Born Richard den Spitznamen „OC E NO", „Ja und Nein". Daraus lässt sich allerdings nicht unbedingt ableiten, dass Richard launisch oder unentschlossen war – ein Spottlied sollte man nicht allzu wörtlich nehmen.

101

Ende Januar 1192 erreichten wir Askalon. Von dem mächtigen Heer, das vor knapp drei Monaten von Jaffa aufgebrochen war, war nicht mehr allzu viel übrig: Der Großteil der französischen Truppen hatte uns verlassen und war nach Jaffa oder Akkon gegangen. Es war also ein recht kümmerlicher Haufen, der im Schneeregen über die Trümmer der Stadtmauer kletterte, um irgendwo im zerstörten Askalon Schutz vor dem bitteren Winterwetter zu finden.

Dem anhaltend schlechten Wetter zum Trotz, machten wir uns alsbald daran, Askalon wieder aufzubauen. Die Arbeit ging gut voran, wir arbeiteten Hand in Hand, bildeten Ketten, um die Mauersteine an den richtigen Ort zu befördern, und jeder fasste mit an, ob Graf, Baron, Ritter oder einfacher Soldat. Oder König – ja, auch Richard selbst reihte sich mit ein und packte kräftig zu. Schnell wuchsen Mauern und Türme himmelwärts. Mit jedem Tag schöpften wir neue Hoffnung, dass dieser Kreuzzug doch noch von Erfolg gekrönt sein würde.

Im Februar musste uns Richard für eine Weile mit dem Wiederaufbau von Askalon allein lassen: Konrad von Montferrat und Hugo von Burgund versuchten jeder, die Herrschaft über Akkon an sich zu reißen, deshalb reiste Richard nordwärts, um die beiden zur Vernunft zu bringen. Leider gelang es ihm nicht, den Frieden unter den Kreuzfahrern wiederherzustellen. Als er Ende März, kurz vor Ostern, nach Askalon zurückkehrte, war das christliche Lager völlig zerstritten. Wie wollten wir je mit den Sarazenen Frieden schließen, wenn wir Christen nicht einmal untereinander für Frieden sorgen konnten? Anstatt das gemeinsame Ziel anzustreben, verschwendeten die Kreuzfahrer Zeit und Kraft für ihre lächerlichen Machtkämpfe. Ich fand das sehr traurig.

Nach der Eroberung ZYPERNS hatte Richard die Insel an die Tempelritter verkauft, die sich aber mit der Verwaltung überfordert fühlten und sie ihm zurückgaben. Die Dynastie der Lusignans herrschte bis ins 15. Jh. über Zypern.

Mitte April rief Richard wieder einmal den Heeresrat zusammen: Saladin hatte Konrad zum Krieg gegen Richard aufgefordert! Als Lohn sollte Konrad alle Städte behalten dürfen, die er von der Kreuzarmee erobern könnte. Ein kluger Schachzug des Sultans; er wusste, dass es unter den Christen Streit gab, und nun säte er noch mehr Zwietracht. Daran, dass Konrad diesem Aufruf folgen würde, gab es keinen Zweifel. Wollte Richard verhindern, dass sich die Kreuzfahrer nicht nur stritten, sondern gegenseitig bekriegten, konnte er nur eines tun: Er musste dafür sorgen, dass Guido von Lusignan auf den Thron des Königs von Jerusalem verzichtete und ihn Konrad überließ. Tatsächlich gelang es Richard, Guido zum Verzicht zu bewegen. Als Entschädigung erhielt der abgesetzte König Guido die schöne, wohlhabende Insel Zypern. Ich glaube, er war mit dem Tausch sehr zufrieden.

Zwei Wochen lang sah es so aus, als sei Ruhe ins christliche Lager eingekehrt. Doch dann erhielten wir die Nachricht, dass Konrad von Montferrat in Tyrus ermordet worden war! Zwei Assassinen, gedungene Mörder, hatten ihm eines Abends in einer dunklen Gasse aufgelauert und ihn erstochen. Als wäre diese Bluttat nicht schon schlimm genug, machte bald auch noch das Gerücht die Runde, Richard habe den Mord in Auftrag gegeben! Was für eine ungeheuerliche Unterstellung! Ich traute Richard einiges zu, wenn es darum ging, seinen Willen durchzusetzen und Gegner aus dem Weg zu räumen, aber so etwas hätte er nie getan. Heimtückisch Mörder zu dingen, nein, das lag nicht in seinem Wesen. Man konnte es ihm auch

Die HASCHISCHIN, die Assassinen, waren Auftragsmörder im Dienst des „Alten vom Berge" (Raschid ad-Din Sinan). Der Name leitet sich von der Droge Haschisch ab, die sie angeblich regelmäßig zu sich nahmen. Noch heute heißen Auftragsmörder im Englischen *assassins*. Neben Richard galten auch Sultan Saladin und der „Alte vom Berge" selbst als mutmaßliche Auftraggeber.

Heinrich von Champagnes Mutter Marie war eine Tochter aus der Ehe Eleonores mit Ludwig VII. von Frankreich. Sie war also eine Halbschwester sowohl von Richard als auch von Philipp. Damit war ihr Sohn Heinrich der gemeinsame Neffe der beiden. Mit HEINRICH VON CHAMPAGNE begann das sog. Zweite Königreich von Jerusalem.

nicht nachweisen. Sein Ruf litt dennoch unter dieser Anschuldigung, und allein der Vorwurf sollte ihm noch großen Ärger machen.

Ein Nachfolger für Konrad war schnell gefunden: Die Einwohner von Tyrus wünschten sich Heinrich von Champagne, der sich allseits großer Beliebtheit erfreute, als neuen König von Jerusalem. Konrads Witwe Isabella erklärte sich sogleich bereit, Heinrich zu heiraten und ihm dadurch das Königtum zu übertragen. Richard freute sich über diese Wahl, denn Heinrich war ein Neffe von ihm. Zugleich war er der Neffe des französischen Königs. Vielleicht konnte Heinrich sogar eine Versöhnung zwischen Richard und Philipp herbeiführen? Ich war jedenfalls recht zuversichtlich, dass künftig ein guter König über die Christen im Heiligen Land herrschen würde.

Meine Hoffnung, dass Richard und Philipp fortan besser miteinander auskämen, währte allerdings nicht lange. Immer häufiger trafen Boten aus der Heimat ein, und meistens brachten sie Richard schlechte Nachrichten. Schon letztes Jahr im Oktober hatte es einen Machtkampf zwischen Richards Kanzler Wilhelm Longchamp und Prinz Johann gegeben, bei dem Longchamp den Kürzeren gezogen hatte. Der Prinz hatte ihn sogar aus dem Land gejagt. Zum Glück hatte Richards Mutter Eleonore dafür gesorgt, dass Walter von Coutances, ein Mann, dem Richard vertraute, das Amt des Kanzlers übernahm. Aber der ehrgeizige Prinz gab keine Ruhe. Eines Tages, es war Ende Mai, traf Richards Vizekanzler in Askalon ein. Das konnte nichts Gutes bedeuten.

„Nein, Blondel", bestätigte Richard meine Vermutung, „wahrlich nicht. Mein Vizekanzler hat sich eigens herbemüht, um mich zu bitten, sofort nach Hause zu reisen. Zum einen streckt der arme, ach so kranke König Philipp", er verzog spöttisch die Mundwinkel, „seine gierigen Finger nach der Normandie aus. Zum anderen ist mein wieseliger kleiner Bruder Johann gerade dabei, eine Verschwörung gegen mich anzuzetteln. Er zieht die englischen Barone auf seine Seite, weil er sich den Thron aneignen will. Und damit nicht genug: Allem Anschein nach verhandelt er nebenbei auch noch mit Philipp. Offenbar ist er bereit, Philipps Schwester Alice zu heiraten und Philipp für meine Festlandsbesitzungen zu huldigen."

„Einen feinen kleinen Bruder habt Ihr da, Herr", sagte ich.

„Nicht wahr?", antwortete Richard bitter. „Eine feine kleine Ratte von einem Bruder. Ich hatte es ja geahnt. Deshalb hatte ich ihm den Eid abgenommen, dass er England drei Jahre lang nicht betreten soll. Aber dann habe ich ihn von dem Eid entbunden, weil meine Mutter mich darum gebeten hat. Dumme Gefühlsduselei! Wenn Johann den englischen Thron an sich reißt und sich dann noch mit Philipp verbündet, bleibt für mich nicht mehr viel übrig von meinem eigenen Reich. Ach, Blondel, was soll ich nur tun? Soll ich weiter danach streben, das himmlische Jerusalem zu erobern, und tatenlos zusehen, wie man mich aus meinem irdischen Reich verbannt?"

„Wenn es Euch gelingt, Jerusalem zu erobern, Herr", sagte ich, „werdet Ihr bei der Heimkehr leichtes Spiel haben. Niemand wird es wagen, Euch den Thron streitig zu machen, und auch König Philipp wird nichts gegen Euch ausrichten können."

„Ja", sagte Richard düster, „wenn. Doch wenn ich an Jerusalem scheitern sollte, werde ich zu spät heimkommen. Dann habe ich alles verloren."

In den nächsten Tagen war es Richard anzusehen, dass er Nacht für Nacht wachlag und grübelte. Trotzdem konnte er sich nicht entscheiden, ob er bleiben oder heimreisen sollte. Anfang Juni verlor das Heer die Geduld: Der Rat beschloss, ein zweites Mal nach Jerusalem zu marschieren, ganz gleich, ob Richard das Heer nun anführte oder nicht. Die Soldaten jubelten. Ich versuchte, mich mitzufreuen, aber so recht wollte es mir nicht gelingen. Auch ich wusste nicht, was richtig war.

Noch immer traf Richard keine Entscheidung. Sicher quälte ihn nicht nur die Frage, ob er zu viel aufs Spiel setzte, wenn er noch länger im Heiligen Land verweilte: Mit dem Beschluss des Heeresrats, jetzt Jerusalem anzugreifen, war sein Plan, zunächst einmal in Richtung Kairo zu ziehen, so gut wie gescheitert. Aus Richards Sicht war der Versuch, zuerst Jerusalem zu erobern, nach wie vor sinnlos. Und so verbrachte er die Tage damit, allein in seinem Zelt zu sitzen und Löcher in den Boden zu starren. So nieder-

geschlagen und unentschlossen hatte ich ihn noch nie gesehen! Endlich gelang es einem Kaplan aus Poitiers, ihn mit einer flammenden Rede zu einer Entscheidung zu bewegen: Richard ließ verkünden, er werde nicht vor Ostern des nächsten Jahres nach Hause fahren, und wir sollten uns auf die Belagerung Jerusalems vorbereiten!

Zwei Tage später, es war der 6. Juni 1192, verließen wir Askalon. Diesmal kamen wir zügig voran. Weder das Wetter noch Saladins Truppen machten uns Schwierigkeiten. Nach nur fünf Tagen erreichten wir Betenoble, wo wir vor einem halben Jahr gelagert hatten, kurz vor der Heiligen Stadt. Hier warteten wir auf Verstärkung aus Akkon. In dieser Zeit gelangen uns mehrere Überfälle auf Karawanen, bei denen wir reiche Beute machten: Gold und Silber, Seide und andere kostbare Stoffe, Zelte, mehrlagige, schön verzierte Panzerhemden und von Meisterhand geschmiedete Waffen, Pfeffer, Zimt, Zucker, Nelken und andere Gewürze, Weizen und Gerste, Heilmittel, Purpurfarbstoff, alle möglichen Gefäße sowie Schachbretter und nicht zuletzt Pferde, Maultiere und Kamele. Ich machte mir den Spaß, auf einem Kamel zu reiten, und staunte, wie hoch man saß und wie grauenhaft es schwankte. Im Sattel meines Pferdes fühlte ich mich bedeutend wohler!

Der Ort BAIT NUBA, den die Kreuzfahrer Betenoble nannten, liegt rund dreißig Kilometer von Jerusalem entfernt.

Ende Juni trafen die Truppen aus Akkon ein, und nun war es ein stattliches Heer, das vor den Toren Jerusalems lagerte. Aber dann geschah, was ich befürchtet hatte: Mein „König Ja und Nein" hielt vor dem Heeresrat eine Rede, in der er nochmals dafür warb, einstweilen auf die Eroberung Jerusalems zu verzichten.

„Wir können die Heilige Stadt jetzt nicht belagern", sagte Richard. „Saladins Truppen sind noch zu stark. Sie werden unsere Nachschublinien zur Küste abschneiden. Außerdem haben unsere Kundschafter gemeldet, dass die Truppen des Sultans die Brunnen und Quellen vor Jerusalem ausgetrocknet oder vergiftet haben. In der Sommerhitze würden wir elendiglich verdursten. Wenn ihr Jerusalem dennoch angreifen wollt, werde ich euch nicht im Stich lassen. Ich werde als Soldat mitziehen. Aber ich werde euch nicht anführen. Das kann ich nicht verantworten. Ich will keine Schande über mich bringen, indem ich als Feldherr ein Heer ins Verderben führe. Ich schlage vor, dass diejenigen, die dieses Land am besten kennen, entscheiden, was wir tun. Die Ordensritter sollen beschließen, ob wir Jerusalem belagern oder nach Kairo ziehen. Ich werde ihrem Beschluss folgen."

Und so geschah es. Am 4. Juli 1192 (auf den Tag genau zwei Jahre, nachdem wir in Vézelay den Kreuzzug begonnen hatten) brachen wir zum zweiten Mal die Zelte vor Jerusalem ab und traten kampflos den Rückzug an. Denn der Rat der Zwanzig, bestehend aus fünf Templern, fünf Johannitern, fünf Baronen aus Outremer und fünf Franzosen, hatte sich Richards Meinung angeschlossen und entschieden, es sei das Beste, zuerst Kairo zu erobern. Wahrscheinlich wäre das klug gewesen. Doch die französischen Truppen unter Herzog Hugo wollten den Ratschluss nicht anerkennen und nicht an dem Feldzug ins Niltal teilnehmen. Sie wollten Jerusalem erobern oder gar nichts. Hugo besaß die Frechheit, auch noch Schmählieder auf Richard zu dichten – so schlechte *Sirventes* hatte ich noch nie gehört! –, und seine Leute grölten sie so laut und falsch, dass mir die Ohren schmerzten. Zum Glück hatten sie ihre Zelte in einiger Entfernung von Richards Truppen aufgebaut; das machte es gerade noch erträglich. Richard zahlte es Hugo mit gleicher Münze heim und dichtete seinerseits Spottlieder auf ihn (sie waren besser als Hugos, aber nun ja, große Kunst war es auch nicht). Meine Güte! Es war erbärmlich. Zwei große

Richard hatte schon von Askalon aus Erkundungsritte nach Darum und Gaza unternommen, um seinen ÄGYPTENFELDZUG vorzubereiten. Die wichtige Küstenfestung Darum eroberte er im Mai 1192. Offenbar plante er, sie als Stützpunkt für den Feldzug zu nutzen.

Fürsten, die sich benahmen wie Kleinkinder! Kein Wunder, dass unser Kreuzzug gescheitert war. Denn so war es, das mussten wir uns eingestehen. Mit hängenden Köpfen zogen wir in Richtung Küste, in dem Wissen, dass wir ohne die französischen Truppen keine Chance hatten, Kairo zu erobern. Auch nicht Jerusalem, weder jetzt noch später. Und Richard, der so viel riskiert hatte, indem er hier geblieben war, hatte vielleicht alles verloren: Kairo, Jerusalem und sein eigenes Reich.

Richard nahm nun die Friedensverhandlungen mit Saladin wieder auf. Zunächst sah es gut aus: Der Sultan war bereit, christlichen Pilgern den Besuch Jerusalems zu gestatten. Als er jedoch verlangte, dass wir die Mauern von Askalon, die wir so mühselig errichtet hatten, wieder einreißen sollten, sagte Richard Nein. Statt Frieden zu schließen, reiste er nach Akkon und schmiedete Pläne, Beirut zu erobern. Doch kaum waren wir in Akkon angekommen, erhielten wir eine schlimme Kunde: Saladin hatte Jaffa angegriffen, und die christliche Besatzung stand kurz vor der Kapitulation! Sofort segelten wir südwärts. Drei Tage später trafen wir vor Jaffa ein, mitten in der Nacht. Als es dämmerte, sahen wir überall nur Saladins Soldaten. Unsere Leute hatten sich in der Zitadelle verschanzt und offenbar bereits aufgegeben. Waren wir zu spät gekommen?

War alles umsonst gewesen, würden wir die Küstenstädte, die wir eingenommen hatten, alle wieder verlieren? Plötzlich entdeckten wir einen Mann, der eilig auf die königliche Galeere zuschwamm. Es war ein Priester, der von der Zitadelle ins Hafenbecken gesprungen war, um Richard zu melden, die Garnison halte noch aus.

Richard zögerte keinen Augenblick: Er gab den Befehl zum Angriff. Die Beine ungepanzert, nur durch lederne Stiefel geschützt, sprang er ins seichte Wasser und watete an Land. Wir, die Ritter, die heute unberitten waren, folgten

Manche Chronisten dachten, Richard sei nach Akkon gereist, um von dort aus nach Hause zu segeln. Es spricht aber vieles dafür, dass er plante, von dort aus BEIRUT und vielleicht auch DAMASKUS anzugreifen und den Kreuzzug fortzusetzen.

Eine ZITADELLE ist eine Befestigungsanlage innerhalb einer Stadt oder einer großen Festung. Sie dient der Besatzung als letzter Rückzugsort bei einer Belagerung.

ihm. Die Armbrustschützen gaben uns von den Schiffen aus Deckung. Jetzt ging alles sehr schnell: Wir hatten Saladins Leute überrumpelt, und sie hatten auch nicht damit gerechnet, dass die Besatzung der Zitadelle noch in den Kampf eingreifen würde, was sie aber mit vollem Einsatz tat. Schon bald gehörte Jaffa wieder uns. Wir schlugen unser Lager vor den Toren der Stadt auf und warteten auf unser Landheer, um Jaffa weiterhin verteidigen zu können.

Dann waren wir es, die eine böse Überraschung erlebten. Am frühen Morgen des 5. August entdeckte einer unserer Soldaten, dass Saladins Truppen anrückten! Entsetzt weckte er Richard und schlug Alarm. Noch nie war ich zu so früher Stunde so schnell hellwach gewesen! Wir hatten kaum Zeit, unsere Rüstungen anzulegen. Viele zogen nur unvollständig gepanzert in die Schlacht. Der Großteil unserer Pferde war noch mit dem Landheer unterwegs, nur ein knappes Dutzend Schlachtrösser hatten wir dabei. Auch ich würde zu Fuß kämpfen müssen. Insgesamt waren wir nur ein paar Hundert Leute. Ich dachte, unser letztes Stündlein

hätte geschlagen, aber Richard machte uns Mut und mahnte uns, tapfer standzuhalten.

Gerade noch rechtzeitig war es Richard gelungen, uns in Schlachtordnung aufzustellen. In der ersten Reihe knieten Fußsoldaten, geschützt durch einen Schild, das stumpfe Ende der Lanze fest in den Boden gerammt, die scharfe Spitze nach vorne gerichtet. Dahinter waren die Armbrustschützen aufgereiht. Neben jedem Schützen stand ein Mann, der, während der Schütze einen Bolzen abschoss, eine zweite Armbrust spannte und einen neuen Bolzen einlegte – so konnten die Bolzen ohne Unterbrechung auf Saladins Reiter niederregnen.

Kaum waren wir halbwegs kampfbereit, kamen die Soldaten des Sultans auch schon herangeprescht. Doch sie konnten die Reihe unserer Fußsoldaten nicht durchbrechen. Nachdem wir mehrere Angriffe erfolgreich abgewehrt hatten, ging Richard mit seinen Rittern zum Gegenangriff über. Mit unglaublicher Entschlossenheit warf er sich in die Schlacht und kämpfte wahrlich wie ein Löwe. Es war sein Einsatz, der uns zusammenhielt, und sein Vorbild, das uns auf die Zähne beißen und bis zur Erschöpfung weiterkämpfen ließ. Er schien überall gleichzeitig zu sein, half hier einem seiner Ritter, der gestürzt war, wieder aufs Pferd, verhinderte dort, dass sich unsere Leute zu den Galeeren flüchteten, und stürzte sich immer wieder mitten ins Kampfgetümmel.

Später hieß es, Saphadin sei von Richards löwenherzigem Kampfgeist so beeindruckt gewesen, dass er ihm mitten in der Schlacht zwei edle Pferde gesandt habe, mit den Worten, ein König, der so tapfer kämpfe, brauche doch wenigstens ein würdiges Schlachtross. Ich kann Saphadins noble Geste nicht bezeugen, da ich selbst heftig kämpfte, doch ich bezweifle nicht, dass diese Geschichte wahr ist.

Endlich zogen sich Saladins Truppen zurück. Vom Morgengrauen bis zur Abenddämmerung hatte die Schlacht gedauert. Ich konnte mich kaum noch auf den Beinen halten, so hatte ich mich verausgabt, und mir war übel vor Schwäche und von dem Geruch, der über ganz Jaffa hing; überall lagen Leichen und Pferdekadaver. Ich traf Richard, als er sich gerade in sein Zelt zurückziehen wollte. Er war von Kopf bis Fuß mit Pfeilen und Armbrustbolzen gespickt.

Die Angaben in den Chroniken schwanken, aber es waren auch nach arabischen Quellen auf keinen Fall mehr als siebzehn Pferde, die die Kreuzritter zur Verfügung hatten. Die ZAHL DER SOLDATEN bewegt sich zwischen dreihundert und tausend. Damit waren die Kreuzfahrer Saladins Truppen zahlenmäßig klar unterlegen.

Christliche wie muslimische Chronisten sind sich einig, dass Richard in dieser Schlacht Unglaubliches geleistet habe. Davon, dass Saphadin Richard zwei PFERDE geschenkt habe, berichtet der Chronist Ambroise.

„Ihr seht aus wie ein Igel, Herr", sagte ich. „Hoffentlich seid Ihr nicht verwundet?"

Richard schüttelte den Kopf.

„Nein, Blondel", sagte er. „Es geht mir gut. Mach dir keine Sorgen und ruh dich aus."

Ich folgte seinem Rat nur zu gern. Doch am nächsten Tag erfuhr ich, dass es Richard alles andere als gut ging. Er lag fiebernd in seinem Zelt und konnte nicht aufstehen. Zuerst dachten wir, das sei nur die Folge der Anstrengungen der Schlacht. Aber bald stand fest, dass er sehr krank war. Sein Leibarzt konnte nichts für ihn tun. Mal schien er sich ein wenig zu erholen, dann fürchteten wir wieder, er werde aus dem Fieberschlaf nicht mehr erwachen.

Immer wenn sein Zustand es erlaubte, setzte Richard die Verhandlungen mit Saladin fort. Zunächst beharrte er darauf, Askalon als christliche Festung zu erhalten. Doch Ende August, drei Wochen nach der Schlacht, ging es ihm eher schlechter als besser. Da das Heer sich ohnehin allmählich auflöste – viele Kreuzfahrer waren bereits auf dem Heimweg –, und da sich der Herzog von Burgund nun offen weigerte, ihn zu unterstützen, gab Richard schließlich nach. Er hatte eingesehen, dass er diesen Kreuzzug nicht fortsetzen konnte, und erklärte sich bereit, auf Askalon zu verzichten. Dann bat er Saphadin, mit Saladin einen Waffenstillstand zu vereinbaren.

Ich durfte bei den Verhandlungen dabei sein und den Sultan endlich kennenlernen. Wie sein Bruder Saphadin war auch Saladin von zierlicher Gestalt und sehr einfach gekleidet, strahlte aber eine große Würde aus. Ich schätzte ihn auf Mitte fünfzig. Er schien mir ehrlich betroffen zu sein, als wir berichteten, dass Richard sehr krank, vielleicht gar dem Tode nahe sei, und wies seine Leute sofort an, ihm Erfrischungen zu schicken, wie er es schon damals in Akkon getan hatte.

Man weiß nicht genau, woran Richard in Jaffa erkrankte. Möglicherweise war es MALARIA, da er auch später immer wieder unter Fieberschüben litt. *Mala aria* **bedeutet auf Latein „schlechte Luft": Früher dachte man, die Krankheit verbreite sich durch Dämpfe, die aus Sumpfgebieten aufstiegen. Tatsächlich wird sie durch eine Stechmückenart übertragen.**

Die Verhandlungen, in deren Verlauf nicht ein böses Wort fiel, endeten mit einem dreijährigen Waffenstillstand zu folgenden Bedingungen: Askalon sollte geschleift und drei Jahre lang nicht wiederaufgebaut werden. Jaffa sollte neu befestigt und den Christen überlassen werden. Die Küste sollte bis Tyrus in christlicher Hand bleiben. Die Sarazenen behielten den Großteil des Binnenlandes und Jerusalem. Im ganzen Heiligen Land sollten Christen und Sarazenen in Frieden miteinander leben. Beide sollten sich frei bewegen dürfen und Zugang zu allen heiligen Stätten haben. Der freie Handel sollte ungehindert vonstatten gehen können.

Am 2. September 1192 unterzeichneten Saladin und Richard einen Vertrag, der diese Bedingungen festschrieb. Sicher waren beide Herrscher nicht ganz zufrieden mit dem, was sie erreicht hatten, aber die Soldaten waren auf beiden Seiten froh und erleichtert. Christen wie Sarazenen wollten nur noch nach Hause zu ihren Familien und friedlich ihre Felder bestellen. Der Krieg war endlich vorbei!

Doch Richard konnte die Heimreise nicht antreten. Mit jedem Tag ging es ihm schlechter. Bald nachdem der Waffenstillstand geschlossen war, schien es mir sicher, dass wir ihn hier im Heiligen Land zur letzten Ruhe betten müssten.

Der arabische Chronist Baha al-Din beklagt Richards ZÄHIGKEIT bei den Verhandlungen: „Niemals mussten wir die Feindschaft eines listigeren und kühneren Mannes ertragen, als er es war."

Die Heimkehr
September 1192 bis April 1199

Jerusalem! Wie gern wollte ich die Heilige Stadt mit eigenen Augen sehen, nun, da es christlichen Pilgern erlaubt war, sie zu besuchen. Doch bevor ich mich auf den Weg machte, wollte ich mit Richard darüber reden. Er hatte sich nach Haifa bringen lassen, weil er hoffte, dass man ihn dort besser behandeln könne als in Jaffa, aber noch hatten die Ärzte kein Mittel gegen das Fieber gefunden. Ende August war, wie wir inzwischen erfahren hatten, der Herzog von Burgund in Akkon gestorben, und böse Zungen behaupteten, nun werde es mit Richards Genesung vorangehen, aber so war es nicht. Mitte September war er noch immer sehr krank. Trotzdem fasste ich mir eines Tages ein Herz und ging zu ihm, um ihm mein Anliegen vorzutragen. Er war bleich, müde und schlecht gelaunt, aber wenigstens ansprechbar.

„Von mir aus", antwortete Richard mürrisch auf meine Frage, ob ich nach Jerusalem pilgern dürfe. „Tu, was du nicht lassen kannst. Bist ja keiner von diesen französischen Verrätern."

„Was soll das heißen, Herr?", fragte ich verwirrt.

„Ich habe mit Saladin und Saphadin vereinbart, dass nur Pilger, die eine schriftliche Genehmigung von mir oder Heinrich von Champagne vorweisen können, Jerusalem betreten dürfen." Er schmunzelte bitter. „Die Getreuen von Herzog Hugo – Gott sei seiner ehrlosen Seele gnädig –, die mich im Stich gelassen haben, sollen nach Hause fahren, ohne die Heilige Stadt zu sehen."

„Das ist hart, Herr", sagte ich, bestürzt über Richards Zorn; erst jetzt begriff ich, wie tief enttäuscht und verletzt er war.

„Ja", erwiderte Richard, „aber es geschieht ihnen recht. Sieh mich nicht so an, Blondel! Du wirst mich nicht umstimmen. Doch wer treu mit mir gekämpft hat, soll meinetwegen sein Gelübde erfüllen." Er lächelte schwach. „Sei unbesorgt. Dir

Mont Joie, der „BERG DER FREUDE", war ein Hügel vor Jerusalem, der Pilgern einen ersten Blick auf die Stadt ermöglichte. Einer Legende zufolge soll Richard, als das Heer in Bait Nuba lagerte, ihn bei einem Erkundungsritt versehentlich erklommen haben. Es heißt, er habe den Blick sogleich abgewandt.

werde ich die Pilgerreise nicht verwehren. Du bekommst den Geleitbrief mit meinem Siegel."

„Ich danke Euch, Herr", sagte ich zutiefst erleichtert. „Das freut mich sehr. Noch weitaus lieber wäre es mir natürlich, wenn Ihr Euch der Pilgerfahrt anschließen würdet."

„Nein." Richard schüttelte den Kopf. „Wenn ich Jerusalem nicht erobern kann, will ich es auch nicht sehen. Außerdem", fügte er zögernd hinzu, „weiß ich nicht, ob ich die Reise dorthin überstehe. Ich fühle mich nicht besonders gut."

Mir schnürte sich die Kehle zu: Mein sonst so furchtloser König Richard hatte Angst, es könne mit ihm zu Ende gehen! Ich ergriff seine Hand.

„Ich werde am Grab unseres Erlösers für Euch beten", versprach ich und hoffte, dass dies kein Abschied für immer war.

In den nächsten Tagen fanden sich alle, die nach Jerusalem pilgern wollten (und Richards Erlaubnis hatten), zusammen und teilten sich in drei Gruppen auf. Ich war in der dritten Gruppe, die von Hubert Walter, dem Bischof von Salisbury, geführt wurde. Wir kamen gut voran, doch ein wenig mulmig war mir schon bei dieser Reise: Konnten wir Sultan Saladin trauen, uns auf sein Wort verlassen? Oder würde er die christlichen Pilger als Geiseln nehmen? War seine Freundlichkeit nur Heuchelei gewesen? Schon bald hatte ich allen Grund, mich für meine Zweifel zu schämen. Kurz vor der Heiligen Stadt empfing uns eine Gesandtschaft des Sultans, die uns fortan Geleitschutz gewähren sollte. Saladin selbst lud uns zu sich ein und unterhielt sich lange mit Hubert Walter. Danach zeigte er uns das Heilige Kreuz und gestattete uns, es zu küssen.

Am nächsten Tag kam der Augenblick, dem ich so lange entgegengefiebert hatte: Vom Berg der Freude aus sah ich Jerusalem vor mir liegen! Was für eine herrliche Stadt, die sich hinter der hohen Mauer aus dem Wüstendunst erhob. Auch den Ölberg, an dessen Fuß der Garten Gethsemane liegt, konnte ich schon erkennen. Wie die

anderen Pilger fiel ich auf die Knie und dankte Gott, dass er uns doch noch hierher geführt hatte. Für eine lange Andacht fehlte uns allerdings die Zeit: Vor Mitte Oktober mussten wir die Heimreise angetreten haben, sonst wurde die Schifffahrt auf dem Mittelmeer zu gefährlich, und keiner von uns Pilgern wollte einen weiteren Winter fern der Heimat verbringen. Und so ritten wir schnell weiter nach Jerusalem. Auch hier eilten wir, noch immer begleitet von Saladins Leuten, von einem Ort zum andern: Wir besuchten das Grab Jesu, küssten es (ich sprach auch ein kurzes Gebet für Richard), zogen weiter nach Golgatha, küssten die Stelle, an der Jesus für unsere Sünden gekreuzigt wurde, dann ging es zum Berg Zion, wo die

heilige Gottesmutter Maria starb und in den Himmel auffuhr, und schließlich zu dem Gewölbe, in dem Jesus vor seiner Kreuzigung gefangen gehalten wurde.

Ich bedauerte, dass alles so schnell gehen musste; gern hätte ich an jeder der heiligen Stätten länger verweilt und mich ins Gebet vertieft, anstatt nur einen hastigen Kuss auf das Heiligtum zu hauchen. Und gern hätte ich Saladins Leute gebeten, einen Blick in die Moscheen auf dem Tempelberg werfen zu dürfen: den Felsendom und die Al-Aksa-Moschee. Die prächtigen Kuppeln beeindruckten mich schon aus der Ferne sehr, und ich hätte sie gern aus der Nähe betrachtet und mir auch das Innere angesehen, um den Islam besser zu begreifen. Leider waren wir zu sehr in Eile. Dennoch war ich, als ich in Akkon eintraf, um von dort aus nach Hause zu segeln, sehr froh und dankbar, überhaupt in Jerusalem gewesen zu sein. Mit dem Besuch der heiligen Stätten hatte ich mein Pilgergelübde erfüllt.

Nach Mekka und Medina ist Jerusalem mit den Moscheen auf dem Tempelberg die drittheiligste Stätte des Islam. Der FELSENDOM wurde im Jahr 692 fertiggestellt. Er umschließt einen Felsen, der von Muslimen und Juden als Stätte des Abrahamsopfers verehrt wird.

Noch etwas machte mich sehr froh bei meiner Ankunft in Akkon: Richard war dort und es ging ihm besser! Er war noch nicht ganz gesund, hatte sich aber so gut erholt, dass er schon dabei war, seine Heimreise vorzubereiten. Ich begrüßte ihn freudig, und er sagte, auch er freue sich, dass ich heil aus Jerusalem zurück sei und nun mit ihm nach Hause fahren könne. Er habe noch ein paar Dinge zu regeln, aber bald könne es losgehen.

Am 9. Oktober 1192, dem Tag des heiligen Dionysius, gingen wir an Bord der *Franche-Nef* und stachen in See. Es war reichlich spät für eine Fahrt übers Mittelmeer, und ich erinnerte mich noch mit Schrecken an den furchtbaren Sturm, den wir zwischen Sizilien und Zypern erlebt hatten, aber die *Franche-Nef* war ein großes, robustes Schiff, dem ich zutraute, dass es rauer See zu trotzen vermochte.

Einen halben Tag und die ganze Nacht waren wir nordwärts gesegelt, als ich Richard an der Reling stehen sah. Ich gesellte mich zu ihm und blickte mit ihm auf die Küste des Heiligen Landes, die sich nun stetig von uns entfernte.

„Ich habe gebetet, Blondel", sagte Richard, ohne mich anzusehen. „Möge Gott mich lang genug leben lassen, dass ich zurückkehren kann und mein Werk vollenden. In drei Jahren, wenn ich in meinem Reich für Ordnung gesorgt habe und der Waffenstillstand vorbei ist."

„Ihr habt viel erreicht, Herr", versuchte ich, ihn zu trösten. „Sehr viel sogar."

„Ja", antwortete Richard, „aber nicht das, was ich wollte."

Ich schwieg dazu. Was mich betraf, war ich mit dem Ergebnis des Kreuzzugs sehr zufrieden. Ich hatte nicht mehr den Ehrgeiz, das Heilige Land zu erobern. Mir reichte es, wenn christliche Pilger die heiligen Stätten besuchen durften. Längst hatte ich für mich entschieden, dass ich an einem weiteren Kreuzzug, wenn er denn stattfinden sollte, nicht teilnehmen würde. Ganz sicher wusste ich, dass es mich nicht in den Himmel brachte, wenn ich einen „Ungläubigen" erschlug und mit dem Schwert für das Christentum kämpfte. Ich sah keinen Sinn darin, gegen Menschen wie Saladin, den ich schätzte, oder Saphadin, den ich wirklich mochte, Krieg zu führen, nur weil sie einen anderen Glauben hatten. Einen Glauben, über den ich zu viel gelernt hatte, um ihn zu verachten. Ich hatte das Heilige Land gesehen und Jerusalem, die Stadt, die uns zugleich verband und trennte, und eines verstanden: Es gab dort genug Platz für uns alle, für Juden, Christen und Sarazenen. Ich hatte die gewaltige Kuppel des Felsendoms gesehen und gespürt, dass der Allmächtige dadurch genauso verherrlicht wurde wie durch unsere gen Himmel strebenden Kathedralen. Wie konnten wir die Wahrheit kennen? Ich glaubte an unseren Erlöser Jesus Christus, aber das gab mir doch nicht das Recht, den Glauben Saphadins gering zu schätzen! Nein, ich wollte nicht mehr gegen die Sarazenen kämpfen. Während sich die Küste des Heiligen Landes immer mehr im Dunst verlor, wünschte ich mir nichts sehnlicher, als dass die Gläubigen aller Religionen künftig friedlich dort zusammenleben würden.

Richard hingegen haderte damit, dass er sein großes Ziel nicht erreicht hatte. Das spürte ich deutlich, während wir schweigend nebeneinander standen und uns der kühle Salzwind ins Gesicht wehte. Ich verstand ihn nicht so ganz: Warum wollte er weiter gegen Saphadin kämpfen, mit dem ihn mehr verband als ihn je mit Herzog Hugo verbunden hatte? Sicher wäre er gern als der Eroberer Jerusalems in sein Reich zurückgekehrt. So würde man ihn zwar als siegreichen Feldherrn von Akkon, Arsuf und Jaffa feiern, aber ob das unsterblichen Ruhm für ihn bedeutete, war nicht gewiss. Ging es Richard nur darum, ehrgeizig wie er war? Oder hielt er

Der Waffenstillstand war für beide Herrscher ein KOMPROMISS. Saladin fand, er habe den Christen zu viel Land an der Küste überlassen. Doch seine Emire waren nicht bereit, weiterzukämpfen, und rieten zur Vernunft: „Seht den Zustand des Landes, zerstört und zertrampelt, seht auf Eure Untertanen, bedrückt und verwirrt, auf Eure Armeen, erschöpft und krank, auf Eure Pferde, vernachlässigt und ruiniert."

es, anders als ich, nach wie vor für seine christliche Pflicht, Jerusalem zu erobern? Strebte er vielleicht mehr als nach allem anderen danach, die Schätze des Niltals in seinen Besitz zu bringen, und ärgerte sich mehr über das Scheitern des Feldzugs nach Ägypten als über den Verzicht auf die Heilige Stadt? Ich vermag es nicht zu sagen. Vielleicht war es ein bisschen von allem – Ruhm, Christenpflicht und Reichtum. Ich fragte ihn nicht. Ich sah nur, dass er enttäuscht und traurig war, und hätte mir gewünscht, dass er sich über das Erreichte freuen könnte, anstatt sein vermeintliches Scheitern zu beklagen.

Möglicherweise lag Richard aber nicht nur das für ihn unbefriedigende Ende des Kreuzzugs auf der Seele. Die Tatsache, dass seine Gemahlin Berengaria und seine Schwester Johanna bereits zehn Tage vor uns ein Schiff in Richtung Heimat bestiegen hatten, ließ mich Böses ahnen: Richard wusste, dass auf seiner Heimreise Gefahren auf ihn lauerten, und er wollte die beiden Frauen davor schützen. Mächtige Feinde warteten nur darauf, dass Richard ihnen in die Hände fiel. Ich hoffte, dass er einen Plan hatte, wie er dem entgehen konnte.

Bald war die Küste Outremers außer Sicht. Wind und Wellen waren uns gewogen, und wir flogen geradezu nordwestwärts. Nichts schien uns Einhalt gebieten zu können. Ab und zu brauste ein kleiner Sturm über uns hinweg, aber unsere *Franche-Nef* war ein Schiff wie eine trutzige Festung! Stark und unbeugsam schoss sie voran, zugleich pfeilschnell und kühn wie eine Möwe im Sturzflug. Ich war sehr zuversichtlich, dass ich in drei, höchstens vier Monaten wieder bei meiner Familie sein könnte. Leider kam es anders.

Anfang November wurden die Stürme heftiger, sodass selbst die *Franche-Nef* kräftig schwankte und uns den Magen ordentlich durchrüttelte. Um den Martinstag herum unterbrachen wir die Reise und liefen die Insel Korfu an. Zunächst dachte ich, Richard hätte die Pause nur angeordnet, damit wir uns erholen konnten, doch bald nahm er mich beiseite und mir wurde klar, dass wir nicht zufällig hier an Land gegangen waren.

„Mein lieber Blondel", sagte Richard, „von jetzt an wird es ungemütlich. Bist du dir dessen bewusst?"

Vor seiner Abreise bat Richard seinen Neffen Heinrich von Champagne, ein muslimisches EHREN-KLEID zu tragen, um dem Sultan Respekt zu erweisen. Heinrich ließ sich das Kleidungsstück von Saladin schicken und kam Richards Bitte nach. Schon zuvor hatte Richard einige von Saladins Leuten, möglicherweise auch Saphadin, zu Rittern geschlagen. So wollte er die Waffenruhe festigen.

„Ja, Herr", antwortete ich. „Ihr habt Eure Gemahlin und Eure Schwester allein vorausgeschickt, um sie nicht den Gefahren auszusetzen, die Euch und alle, die in Eurer Begleitung sind, erwarten. Ganz gleich, wo Ihr an Land geht, seid Ihr von Feinden umgeben."

„So ist es leider", bestätigte Richard. „Erst hatte ich gehofft, wir könnten durch die Straße von Gibraltar und an der Atlantikküste entlang zurück nach England segeln, aber den Stürmen, die dort im Winter toben, hält auch die *Franche-Nef* nicht stand. Bei Gottes Beinen, die Schaukelei in den letzten Tagen hat mir vollauf gereicht!"

„Mir auch, Herr", sagte ich, „aber wenn Ihr in Marseille an Land geht, wird König Philipp Euch ergreifen. Ihr habt kein großes Heer mehr dabei, das Euch schützen könnte, und Philipp hegt gewaltigen Groll gegen Euch."

„Ich sehe, ich bin nicht der Einzige, der sich den Kopf zerbricht", erwiderte Richard schmunzelnd. Dann wurde er ernst. „Du hast recht damit, dass Philipp mir grollt, weil ich seine Schwester nicht heiraten wollte. Es ist aber nicht nur das. Bisher ist es ihm nicht gelungen, auch nur eine Handbreit meines Reiches zu erobern, das habe ich inzwischen erfahren. Das Bündnis mit Johann ist gescheitert, weil meine Mutter und mein Kanzler Coutances rechtzeitig eingegriffen haben. Einen Feldzug gegen die Normandie haben Philipps eigene Vasallen verweigert, weil sie kein Reich angreifen wollten, dessen Herrscher sich auf dem Kreuzzug befindet. Einen Aufstand in Aquitanien haben meine Gefolgsleute zusammen mit meinem Schwiegervater, König Sancho von Navarra, niedergeschlagen. Es läuft also nicht allzu gut für den armen Philipp."

„Nein", sagte ich nachdenklich, „in der Tat. Da wäre es gut für ihn, Zeit zu gewinnen und Eure Rückkehr hinauszuzögern, nicht wahr?"

„Ja", antwortete Richard finster. „Er könnte mich leicht als Geisel nehmen, schutzlos wie ich bin. Das ist es, was ich am meisten fürchte. Ich wäre ein sehr wertvoller Gefangener."

„Zweifellos, Herr", stimmte ich ihm zu. „Wie wäre es denn, wenn Ihr östlich des Rheins ziehen würdet? Durch das Gebiet des deutschen Kaisers?"

Die **WELFEN** waren ein mächtiges Fürstengeschlecht. Richards Schwager, Heinrich der Löwe, war Herzog von Sachsen und Bayern und gründete u. a. die Stadt München. 1180 verlor Heinrich den Machtkampf gegen den Stauferkaiser Friedrich Barbarossa. Der Konflikt zwischen den Welfen und Staufern dauerte trotzdem noch Jahre an. Heinrichs Sohn, der spätere deutsche Kaiser Otto IV., war Richards Lieblingsneffe.

Richard schüttelte den Kopf. „Kaiser Heinrich traut mir nicht. Vor einem Jahr gab es in seinem Reich einen Aufstand der Welfen. Wie du weißt, ist meine Schwester Mathilde mit einem Welfen verheiratet: mit Heinrich dem Löwen. Der Kaiser denkt, ich würde den Aufstand unterstützen. Außerdem wurde mir berichtet, er habe sich zu einem Gespräch mit Philipp getroffen. Was immer die beiden da ausgeheckt haben – für mich bedeutet es sicher nichts Gutes."

Mein Magen fühlte sich an wie auf der *Franche-Nef* im Sturm.

„Das lässt nicht mehr viele Wege für Euch offen, Herr", stellte ich fest.

„In der Tat", erwiderte Richard. „Aber eine Möglichkeit gibt es noch. Ich werde die *Franche-Nef* hier verlassen. Sie wird ohne mich nach Brindisi segeln. Ich nehme mir ein kleineres Schiff und fahre damit bis Venedig. Von dort werde ich nach Ungarn reiten. Dort könnte ich Königin Margarete, die Witwe meines Bruders Heinrich, um Geleitschutz für die Weiterreise bitten."

„Ein ziemliches Abenteuer, Herr", sagte ich.

Richards Mutter ELEO-NORE kämpfte während seiner Abwesenheit entschlossen für seine Interessen. Dabei hielt sie auch ihren jüngsten Sohn, Richards Bruder Johann, in Schach.

„Ja, das wird es", bestätigte Richard. „Deshalb werde ich mich verkleiden und nur ein Dutzend Männer mitnehmen, denen ich ganz und gar vertraue. Ich weiß, es ist viel verlangt, denn deine Heimkehr würde sich noch einmal verzögern, aber: Wirst du mich begleiten, Blondel?"

Ich dachte kurz nach. Dann sagte ich Ja.

Hätte ich geahnt, was uns erwartete, hätte ich Nein gesagt und wäre mit der *Franche-Nef* nach Brindisi gesegelt. Doch so glaubte ich, wir würden auf dem Landweg über die Alpen und durch Ungarn nur wenige Wochen länger brauchen als auf dem Seeweg nach Marseille. Ich hielt den Weg, den Richard gewählt hatte, für einigermaßen sicher und wollte ihm deshalb seine Bitte nicht abschlagen. Dass ihm auch in den Bergen Gefahr drohte, hatte ich völlig vergessen.

Eine Chronik berichtet, Richard habe sich „den grausamen Piraten anvertraut". Vielleicht mietete er also tatsächlich ein PIRATENSCHIFF.

Wie Richard es geplant hatte, segelten wir auf einem kleineren Schiff nordwärts (Richard behauptete allen Ernstes, es sei ein Piratenschiff!). Obwohl es stürmisch blieb und ich mir schwor, nach meiner Heimkehr nie wieder ein Schiff zu besteigen, näherten wir uns schnell der venezianischen Küste. Dort geschah, was ich schon lange gefürchtet hatte: Ein Sturm wirbelte unser Schiff gegen einen scharfen Felsen und es schlug leck! Mit knapper Not konnten wir uns ans Ufer retten. Bald fanden wir heraus, dass wir in der Nähe einer Stadt namens Aquileia waren, ein gutes Stück östlich von Venedig. Bis heute weiß ich nicht, ob Richard wirklich dort oder noch weiter östlich hatte landen wollen. Er sagte nichts dazu, entschied nur, von hier aus geradewegs nach Norden zu reiten, auf einen niedrigen Alpenpass zu.

Und so ritten wir nordwärts. Wir hatten uns als einfache Pilger verkleidet – nun, im Grunde waren wir ja nichts anderes – und taten unser Bestes, nicht aufzufallen. Was Richard anging, war sein Bestes nicht immer gut genug: Mir schien, dass manch einer uns argwöhnisch beäugte und sich fragte, ob dieser stattliche Pilger in königlicher Haltung auf dem prächtigen Pferd wirklich der war, der er zu sein vorgab. Bescheidene Zurückhaltung lag eben gar nicht in Richards Wesen! Aber zunächst einmal ging alles gut.

Der Chronist Roger von Howden berichtet von diesem ABLENKUNGSMANÖVER. Seiner Erzählung nach wurden die Getreuen, die den Grafen von Görz auf die falsche Fährte locken sollten, wirklich gefangen genommen.

Nicht immer wussten wir genau, in wessen Herrschaftsgebiet wir uns befanden. Als wir erfuhren, dass wir das Gebiet des Grafen von Görz durchquerten, der ein Vasall des deutschen Kaisers war, beschlossen wir, unsere Gruppe zu teilen: Einige Ritter sollten sich als Kaufleute ausgeben und ihren Reichtum zur Schau stellen, um den Grafen auf eine falsche Fährte zu locken. Jetzt waren wir nur noch zu dritt unterwegs: Richard und ich in Begleitung eines Schildknappen, der Deutsch sprach. Jedes Mal, wenn er sich in einem Dorf erkundigte, wo wir waren, hatte ich ein mulmiges Gefühl. Am Nikolaustag meldete uns der Knappe schließlich, wir seien in das Gebiet Herzog Leopolds von Österreich eingedrungen. Mit großem Unbehagen erinnerte ich mich nun an den Vorfall in Akkon, als Richards Leute das Banner des Herzogs in den Graben geworfen hatten. Leopold war daraufhin erzürnt abgereist. War sein Zorn inzwischen verraucht? Oder würde er sich rächen wollen? Es wagen, einen heimkehrenden Kreuzfahrerkönig gefangen zu nehmen, des Geldes wegen und wegen der Genugtuung, obwohl ihm dann der Kirchenbann drohte? Richard glaubte es nicht. Ich war mir weniger sicher und beschloss, wachsam zu bleiben.

Immer seltener hielten wir an, um nach dem Weg zu fragen oder auch nur, um eine Rast einzulegen. So schnell es das raue Gelände zuließ, ritten wir nordostwärts, in der Hoffnung, bald ungarisches Gebiet zu erreichen. Eine Weile folgten wir einem felsigen Flusstal, umgeben von trostlos grauen Bergen. Dann erhob sich vor uns ein steiler Pass, der den seltsamen Namen Semmering trug. Weiter südlich hatten wir bereits den Pontebbapass überquert, doch dieser hier war weitaus beschwerlicher. Mühsam quälten sich unsere Pferde über den Saumpfad. Inzwischen war es Mitte Dezember, und hier oben war alles tief verschneit.

„Bei Gottes Beinen, Blondel", sagte Richard, als der Pfad es einmal zuließ, dass wir ein Stück nebeneinander reiten konnten, „das wird das traurigste Christfest aller Zeiten!"

„Ja, Herr", stimmte ich zu, „noch trauriger als das letztes Jahr vor den Toren Jerusalems, als wir bis zu den Knien im Schlamm steckten. Aber bald, Herr, werden wir dieses kalte, dunkle Land hinter uns haben. Dann können wir uns ausruhen. Und nächstes Jahr feiern wir Weihnachten in Poitiers, mit aquitanischem Wein, knusprigem Braten und Musik und Tanz!"

Richard schmunzelte.

„Dein Wort in Gottes Ohr, Blondel! Dieses Jahr tanzen nur die Schneeflocken. Aber deine Zuversicht tut mir gut."

Ich musterte Richard aufmerksam. Er sah elend aus. Das feuchte Haar klebte ihm kraftlos an den fahlen Wangen, und auf seiner Stirn standen kleine Schweißperlen.

„Herr", sagte ich, „da wäre noch etwas, das Euch guttun würde: Schlaf und ein warmes Essen. Ihr habt wieder Fieber, nicht wahr? Sobald wir im Tal sind, sollten wir eine Rast einlegen."

„Nein", entgegnete Richard entschieden. „Erst wenn wir ein Gebiet erreicht haben, in dem meine Schwägerin Margarete uns schützen kann. Du hast recht, ich habe wieder einen Schub von diesem verfluchten Fieber, aber bis über die Grenze schaffe ich es noch. Mach dir keine Sorgen."

Nun, das gelang mir schlecht in den folgenden Tagen, die mir wie Monate erschienen. Nichts als Weiß und Grau, Schnee und Fels um uns herum, für endlos lange Meilen. Gott möge mir vergeben, aber ich verwünschte dieses wilde, enge, düstere Land! Müde, frierend und hungrig zogen wir immer weiter, weil wir es nicht wagten, einzukehren.

Kurz vor Weihnachten öffnete sich vor uns das Tal der Donau. Jetzt war es nicht mehr weit bis zur ungarischen Grenze. Aber wir waren tagelang geritten, hatten weder geschlafen noch gegessen. Wir waren alle, insbesondere natürlich Richard, am Ende unserer Kräfte. Völlig erschöpft, beschlossen wir, nun doch ein Gasthaus aufzusuchen, Feindesland hin oder her, und nahmen Quartier in einer sehr einfachen Herberge in Erdberg, einer kleinen Ortschaft gleich vor den Toren der Stadt Wien. Dort gab es keine Gaststube, also schickte Richard den jungen Knappen in

die Stadt, um etwas zu essen zu besorgen. Als der Junge zurückkam, war er sehr aufgeregt. Er hatte mit byzantinischen Goldmünzen bezahlen müssen, denn wir hatten kein anderes Geld mehr. Man hatte ihn gefragt, wo er diese Münzen herhabe, und er hatte geantwortet, er sei der Diener eines reichen Kaufmanns. Ob ihm die Leute das geglaubt hatten, wusste er nicht, aber er fürchtete, dass sie Zweifel hegten und ahnten, wer der „Kaufmann" war.

„Das klingt nicht gut, Herr", sagte ich zu Richard, als der Knappe mit seinem Bericht fertig war. „Man wird dem Herzog den Vorfall melden. Ich denke, wir sollten sofort weiterreiten. Hier sind wir nicht sicher."

„Wir bleiben", entschied Richard knapp. „Lasst uns essen."

Kein Zweifel: Er war zu schwach, um sich wieder aufs Pferd zu schwingen. Kaum hatte er ein wenig gegessen, zwang ihn ein Fieberschub ins Bett. Wir ließen ihn schlafen, während wir warteten, dass die Knechte des Herzogs kamen, um uns zu ergreifen. Doch man ließ uns unbehelligt.

Nach zwei oder drei Tagen ging es Richard etwas besser. Wieder schickte er den Knappen nach Wien, um Vorräte zu besorgen, denn am nächsten Tag wollten wir unsere Reise fortsetzen. Es war der 21. Dezember, der Tag des Apostels Thomas. Ein frostiger, bitterkalter Tag, der kürzeste und dunkelste des Jahres. Und einer der dunkelsten in Richards Leben.

Stunde um Stunde verging, doch der Knappe kam nicht zurück. Plötzlich hörten wir lautes Geschrei. Wir konnten nicht verstehen, was die Menschen, die sich draußen vor der Herberge versammelt hatten, riefen, aber ganz sicher waren es keine Freundlichkeiten: Sie schienen uns voller Zorn zu schmähen und zu drohen. Wortlos warf Richard seinen Mantel über, nahm sein Schwert und trat vor die Tür. Ich folgte ihm.

Die Leute des Herzogs hatten das Haus umstellt. Zwei von ihnen hielten unseren Knappen fest. Er zitterte am ganzen Leib. Stotternd erzählte er uns, die Stadtwache habe ihn angehalten. Den Männern war das Wappen auf seinen Handschuhen aufgefallen: ein roter Löwe auf weißem Grund. Das Wappen, das Richard auf dem Kreuzzug geführt hatte. Keiner von uns hatte darauf geachtet. Der Knappe berichtete weiter, dass die Wachen ihn geschlagen hatten. Als sie ihm drohten, sie würden ihm die Zunge herausschneiden, wenn er seinen Herrn nicht verrate und sie zu ihm bringe, hatte er es nicht mehr gewagt, Widerstand zu leisten.

„Schon gut", sagte Richard zu dem armen Kerl, dem die Tränen über die Wangen liefen, „dich trifft keine Schuld. Ich werde mich ergeben. Aber nur dem Herzog selbst."

Lange Zeit galt als sicher, dass Richard auf der BURG DÜRNSTEIN gefangen gehalten wurde. Es könnte aber auch eine Nebenburg gewesen sein, denn es bestehen Zweifel, ob Dürnstein 1192 bereits fertiggestellt war.

Wir mussten nicht lange warten: Offenbar weilte Herzog Leopold bereits in der Nähe. Hochmütig lächelnd tauchte er auf und nahm Richards Schwert entgegen. Damit hatte sich Richard dem Herzog ausgeliefert. Unsere abenteuerliche Reise hatte ein bitteres Ende gefunden. Aller Vorsicht zum Trotz war es nun doch geschehen: Wir waren die Geiseln des Herzogs, gefangen in Feindesland.

Man brachte uns auf eine Burg, deren Namen meine picardische Zunge nicht aussprechen konnte. Zunächst hatte ich Angst, dass uns diese Barbaren in ein finsteres Verlies werfen würden, wo wir bei Wasser und Brot schmachten

128

müssten. Zum Glück kam es anders. Man behandelte uns nicht schlecht. Die Kammern, in die man uns einsperrte, waren ordentlich eingerichtet, und genug zu essen bekamen wir auch. Dennoch war mir das Herz sehr schwer, denn so bald würden wir nicht freikommen: Der Herzog wollte seine Rache für die Demütigung vor Akkon, und zwar in Form von Lösegeld. Und sicher wollte auch Leopolds Lehnsherr, der deutsche Kaiser, an Richard verdienen. Bevor nicht eine große Summe Silbermark geflossen war, würden wir Gefangene bleiben.

Zu meinem Erstaunen trug Richard die Schmach, in der Gewalt des Herzogs zu sein, mit großer Gelassenheit. So jähzornig und übellaunig er sein konnte, wenn etwas nicht nach seinem Willen ging – hier hatte er sich im Zaum. Er benahm sich vorbildlich, scherzte sogar mit den Wachen und fügte sich mit einer Geduld, die ich bisher nicht von ihm gekannt hatte, in sein Schicksal. Allerdings litt er darunter, von der Welt abgeschnitten zu sein: Er wusste nicht, ob seine Mutter oder sein Kanzler von seiner Gefangennahme erfahren hatten, wusste nicht, ob man schon über seine Freilassung verhandelte oder ob man ihn gar für tot hielt.

„Das ist das Schlimmste, nicht wahr, Blondel?", sagte er zu mir. „Dass wir keine Kunde aus der Heimat haben."

„Ja", antwortete ich, „und dass wir niemandem mitteilen dürfen, wo wir sind und dass wir noch leben. Wie gern würde ich Elisabeth einen Brief schicken, aber der Herzog verbietet es."

„Immerhin weißt du, wohin du deiner Frau einen Brief schicken könntest", erwiderte Richard düster. „Ich weiß nicht einmal, wo meine Gemahlin sich gerade aufhält. Ich hoffe, dass sie und meine Schwester in Sicherheit sind, aber gehört habe ich nichts von den beiden."

Je länger wir auf unserem finsteren Felsen über dem winterlichen Donautal festsaßen, desto dunkler wurden unsere Gedanken. So lange musste Elisabeth nun schon ohne mich zurechtkommen, das Lehen allein verwalten und sich um die Kinder kümmern. Ich wusste, dass sie es gut machen würde, aber ich wusste auch, dass es keine leichte Aufgabe war. Nur zu gern wollte ich ihr wieder dabei helfen. Doch wir blieben gefangen.

Für kurze Zeit herrschte in Richards Reich Ungewissheit über seinen Verbleib. Man wusste nur, dass die *Franche-Nef* ohne ihn in Brindisi angekommen war. Hier mag die BLONDEL-SAGE ihren Ursprung haben: Blondel, der treue Spielmann, soll auf der Suche nach Richard von Burg zu Burg gezogen sein und ihn schließlich mithilfe eines Liedes gefunden haben. In Wirklichkeit beeilten sich Herzog Leopold und der deutsche Kaiser, Richards Gefolgsleute zu benachrichtigen – sonst hätten sie kein Lösegeld fordern können.

Endlich, ich glaube, es war kurz nach Lichtmess 1193, hatten sich der deutsche Kaiser und Herzog Leopold auf die Höhe des Lösegeldes geeinigt, und der Herzog sollte uns an den Kaiser ausliefern. Also traten wir die Reise nach Westen an. Mitte März, in einer Stadt namens Ochsenfurt, erwartete uns eine freudige Überraschung: Zwei englische Äbte waren hierhergekommen, um Richard mitzuteilen, dass seine Mutter und der Großteil der Barone sich um seine Freilassung bemühten! Und Hubert Walter, der Bischof von Salisbury, hatte sich eigens auf den Weg nach Rom gemacht, um den Papst aufzufordern, tätig zu werden – wie konnte er zulassen, dass man einen Kreuzfahrerkönig so behandelte! Wir schöpften Hoffnung, dass wir nicht allzu lange in der Gewalt des deutschen Kaisers bleiben würden.

Denn so war es nun. Herzog Leopold hatte uns dem Kaiser übergeben. Ganz wohl war mir nicht bei dem Gedanken, dass unser Schicksal jetzt in der Hand dieses Mannes lag, über den ich nicht viel Gutes gehört hatte: Kaiser Heinrich VI. galt als grausam und kaltherzig. Er war bereits sehr mächtig – sein Reich erstreckte sich von der Nordsee bis ans Mittelmeer –, doch es hieß, er sei auf nichts anderes bedacht, als dieses Reich auszudehnen und noch viel mächtiger zu werden. Daher war ich erstaunt, als wir ihm zum ersten Mal vorgeführt wurden: Dieser große Herrscher war noch recht jung, Ende zwanzig vielleicht, und er war zierlich wie ein Knabe. Dennoch gefror mir beinahe das Blut in den Adern, so eiskalt und durchdringend war sein Blick. Man hatte mir erzählt, er habe einem ungehorsamen Gefolgsmann eine glühende Krone auf den Kopf nageln lassen – als ich den Kaiser jetzt vor mir sah, war ich sofort bereit, das zu glauben.

Richard hingegen schienen weder diese Geschichten noch die Begegnung mit dem Kaiser selbst zu beeindrucken. Er zeigte sich ihm gegenüber höflich, aber keineswegs unterwürfig. Dabei gab es durchaus Anlass zur Sorge: Für Ende März hatte der Kaiser eine Gerichtsverhandlung in Speyer anberaumt, bei der Richard unter Anklage stand. Man warf ihm vor, er habe, im Bündnis mit Sultan Saladin, den Mord an Konrad von Montferrat in Auftrag gegeben. Ferner sei er seinen Lehnspflichten gegenüber König Philipp nicht nachgekommen, habe den Kaiser von Zypern widerrechtlich eingekerkert, Herzog Leopold zutiefst gedemütigt und Vereinbarungen mit Gegnern des Kaisers (gemeint war Tankred von Lecce) getroffen, wodurch dieser das Königreich Sizilien verloren habe. Zudem habe sich Richard mit Heinrich dem Löwen gegen den Kaiser verschworen. Und schließlich habe er durch den Verzicht auf Askalon Verrat am Heiligen Land geübt. Wie lächerlich! Richard habe das Heilige Land verraten! Na, da wären mir zwei, drei andere eingefallen, auf die dieser Vorwurf besser gepasst hätte. Offensichtlich wollten der Kaiser und Herzog Leopold mit dieser Liste von Richards vermeintlichen Schandtaten nur davon ablenken, dass sie durch die Gefangennahme eines Kreuzfahrers selbst Unrecht getan hatten.

Der schöne Plan ging gründlich schief. Vor dem Gericht in Speyer lieferte Richard eine Vorstellung, die eines Troubadours würdig gewesen wäre! Binnen kürzester Zeit hatte er das Publikum, die versammelten Reichsfürsten, für sich gewonnen. Selbst ich staunte, wie königlich er auftrat. Zugleich gab er sich ungewohnt bescheiden. Er räumte ein, Fehler begangen zu haben, zeigte sich demütig und bat den Kaiser um Gnade. Was den angeblichen Verrat am Heiligen Land anging, bot er an, sich einem Zweikampf zu stellen und somit einem Gottesurteil zu unterwerfen (natürlich fand sich niemand, der es wagte, gegen ihn anzutreten). Äußerst redegewandt entkräftete er sämtliche Vorwürfe. Am Ende hatte er die Fürsten zu Tränen gerührt, und der Kaiser musste die Anklage fallenlassen und Richard den Friedenskuss geben.

Leider fiel dem Kaiser rasch ein neuer Vorwand ein, um seine wertvolle Geisel weiterhin festhalten zu können: Er bot an, für eine Versöhnung zwischen Richard

100 000 SILBERMARK waren eine stattliche Summe. Die Einkünfte der Krone aus England und der Normandie betrugen etwa 60 000 Silbermark im Jahr.

König Philipp hätte möglicherweise recht schnell die gesamte Normandie erobert, hätte sich ihm nicht GRAF ROBERT VON LEICESTER entschlossen entgegengestellt. Robert kämpfte tapfer für Richard, weil der ihm im Heiligen Land zweimal das Leben gerettet hatte.

und König Philipp zu sorgen. Dafür wäre dann eine, nun ja, Vermittlungsgebühr fällig (also ein Lösegeld). Sollte Richard damit nicht einverstanden sein, sähe sich der Kaiser gezwungen, ihn an Philipp auszuliefern. Alles, nur das nicht! Richard hatte keine andere Wahl, als gute Miene zum bösen Spiel zu machen und die Forderungen des Kaisers zu erfüllen: Hunderttausend Silbermark Lösegeld sowie die Verpflichtung, den Kaiser ein Jahr lang bei einem Sizilienfeldzug zu unterstützen.

Sogleich schickte Richard einen Brief nach England, in dem er seine Gefolgsleute anwies, das Lösegeld zu beschaffen. Dann brachte man uns in eine Festung namens Trifels. Dort warteten wir, zunächst voller Zuversicht, dann immer ungeduldiger auf die Kunde von unserer Freilassung, doch nichts geschah. Wenigstens zeigte sich der Kaiser uns gegenüber nicht so grausam, wie ich es befürchtet hatte. Innerhalb der Burg durften wir uns frei bewegen, und oft stand ich auf dem massigen Turm, schaute nach Nordwesten und stellte mir vor, ich könnte meine Picardie am Horizont sehen. Natürlich war sie noch viel zu weit, aber im Vergleich zu dem langen Weg von Akkon bis hierher schien es mir nur noch ein Katzensprung in meine Heimat zu sein. Aber wie soll die Katze springen, wenn sie in einem Käfig sitzt?

Recht bald zogen wir um in die Kaiserpfalz von Hagenau. Hier erfuhr Richard, dass Berengaria und Johanna sicher aus Outremer zurückgekehrt waren. Andere Nachrichten waren weniger erfreulich.

„Es sieht nicht gut aus, Blondel", sagte Richard ernst. „König Philipp hat mir meine Lehen entzogen und sie meinem Bruder Johann übertragen. Außerdem hat er sich mit dem Grafen von Flandern verbündet und versucht, die Normandie zu erobern. Gisors ist schon verloren. Wenn ich nicht bald freikomme, wird mein Reich ein Trümmerhaufen sein."

„Was werdet Ihr tun, Herr?", fragte ich.

„Ich habe bereits meine Mutter gebeten, sich weiterhin nach Kräften für meine Freilassung einzusetzen", erwiderte Richard. „Auch Hubert Walter wird sich um das Lösegeld kümmern und meinen Bruder in Schach halten. Wenngleich ich mir wegen der kleinen Ratte keine allzu großen Sorgen mache – Johann ist einfach zu dumm, um die Lage für sich zu nutzen."

Ich hoffte, dass Richard recht hatte.

Es folgten Wochen und Monate, in denen sich gute und schlechte Nachrichten abwechselten. Eine Nachricht machte mich zugleich traurig und nachdenklich: Im März, ein knappes halbes Jahr, nachdem wir Akkon verlassen hatten, war Sultan Saladin gestorben. Wenn wir noch einen Winter geblieben wären, hätten wir dann vielleicht doch Jerusalem erobern können ...? Ach, ich war nach wie vor zufrieden mit dem, was wir erreicht hatten. Richard sah das vermutlich anders, aber genau weiß ich es nicht – er schwieg zu der Nachricht von Saladins Tod. Überhaupt machte ihn die Gefangenschaft nicht gesprächiger. Zur Untätigkeit verdammt zu sein, nein, das war nichts für Richard Löwenherz! Und so tat er wenigstens das, was er tun konnte: Er handelte mit dem Kaiser und mit einer Reihe von deutschen Fürsten einen neuen, für ihn besseren Vertrag aus, den er Ende Juni unterzeichnete. Dieser Vertrag schrieb zwar eine höhere Lösegeldsumme fest, dafür brauchte sich Richard aber nicht mehr zu verpflichten, den Sizilienfeldzug zu unterstützen. Nun konnte König Philipp davon ausgehen, dass Richard nicht mehr lange Heinrichs Gefangener sein würde, und ihm blieb nichts anderes übrig: Er musste Richard wieder als Lehnsträger einsetzen. Teile der Normandie blieben verloren, aber der Löwenanteil seines Reiches gehörte wieder Löwenherz.

„Stell dir vor, Blondel", sagte Richard, „mein kleiner Bruder hat England verlassen. Philipp hat ihn gewarnt, dass ich bald freikomme. Die Botschaft lautete: Der Teufel ist los!" Zum ersten Mal seit langer Zeit sah ich Richard wieder lachen. „Ist das nicht großartig? Und schon hat sich Johann in Philipps Arme geflüchtet, damit er ihn vor mir beschützt. Es ist wirklich zu komisch!"

Das fand ich auch. Doch so beruhigend es war, dass von Philipp und Johann derzeit keine Gefahr ausging – das Warten auf die Zahlung des Lösegeldes zerrte mächtig an unseren Nerven. Schließlich ging es auf den Winter zu, und noch immer, fast ein Jahr nach unserer Gefangennahme, waren wir Geiseln des Kaisers. Richard machte seinem Ärger darüber auf besondere Weise Luft: Er schrieb ein Lied. Es hieß *Ja nus bons pris*. Darin hatte er sich seine Wut, seine Enttäuschung und seinen Kummer von der Seele gedichtet:

Richard zeigte sich hier als fähiger DIPLOMAT. Er nutzte seine guten Wirtschaftsverbindungen zu den deutschen Fürsten, um sie, die sich gegen den Kaiser erhoben hatten, zum Frieden mit Heinrich VI. zu bewegen. So verbesserte er sein Verhältnis zum deutschen Kaiser und damit seine Verhandlungsposition. König Philipp hingegen hatte durch mehrere politische Fehlentscheidungen die Chance vertan, sich mit dem Kaiser zu verbünden.

Kein Gefangener berichtet über seine Lage in nüchternem Ton,
als fühle er dabei keinen Schmerz.
Um sich zu trösten, mag er jedoch ein Lied schreiben.
Viele Freunde habe ich, doch ihre Gaben sind gering.
Schämen sollten sie sich, dass ich des Lösegeldes wegen
schon zwei Winter ein Gefangener bin.

Sehr wohl wissen meine Ritter und Barone,
Engländer, Normannen, Poiteviner und Gascogner,
dass ich keinen meiner Getreuen, und sei er noch so arm,
je aus purem Geiz im Kerker schmachten lassen würde.
Ich sage dies nicht als Vorwurf.
Dennoch bleibe ich ein Gefangener.

Um das LÖSEGELD aufzubringen, wurden in England u. a. folgende Maßnahmen ergriffen: Sämtliche Rittergüter wurden besteuert; die Einkünfte aller Untertanen wurden mit einer Steuer von 25 Prozent belegt; die Kirchen mussten ihre Gold- und Silbergegenstände herausgeben.

Ich verstand seine Verbitterung. Richard, dem Geiz zuwider war, der sich so oft großzügig gezeigt und schon manche Geisel freigekauft hatte, fühlte sich von seinen Gefolgsleuten im Stich gelassen. Andererseits war es eine stattliche Summe, die seine Untertanen aufbringen mussten, und ich sagte mir, dass dies eben seine Zeit brauchte. Dennoch …

Ein zweiter Winter in Gefangenschaft ging ins Land. Erst kurz nach Mariä Lichtmess 1194 hatten Hubert Walter und Eleonore, die Schutzherrin der Troubadoure und wunderbarste aller wunderbaren Frauen (mit Ausnahme meiner Elisabeth, natürlich), das Lösegeld endlich zusammen. Dass der Kaiser nun auch noch von Richard verlangte, ihm als oberstem Lehnsherrn für England zu huldigen, war ein letztes Ärgernis, das Richard zähneknirschend hinnahm. Und dann waren wir frei! Ich konnte es gar nicht glauben.

Am 4. Februar 1194 verließen wir Mainz, wo man uns zuletzt gefangen gehalten hatte, und zogen am Rhein entlang Richtung England. Unterwegs nutzte Richard die Gelegenheit, Bündnisse mit den niederrheinischen Fürsten zu schließen, damit sie ihm gegen König Philipp beistehen würden. Nebenbei wirkte er darauf hin, dass der Papst Herzog Leopold bestrafte und ihn aus der Kirche ausschloss. Als dies geschah, empfand ich tiefe, sehr unchristliche Genugtuung. Zumal ich genau wusste, dass Leopolds unsterbliche Seele dennoch nicht auf ewig in der Hölle schmoren würde (das würde ich meinem ärgsten Feind nicht wünschen!), sondern dass er sich vom Kirchenbann wieder freikaufen konnte. Eine Bedingung dafür war, dass er seinen Anteil des Lösegelds zurückzuerstatten hatte. Außerdem musste er auf einen Kreuzzug gehen, der so lange dauerte, wie Richard gefangen gewesen war. Ach, manchmal gibt es doch Gerechtigkeit auf Erden!

Da ich gern dabei sein wollte, wenn Richard sich zum zweiten Mal zum König von England krönen ließ (das hatte er nämlich vor), verschob ich das Wiedersehen mit meiner Familie – immerhin wusste ich inzwischen, dass es allen gutging – und segelte zusammen mit Richard über die Nordsee nach Sandwich an der englischen Ostküste. Am 13. März 1194 gingen wir an Land, und auch wenn diese Insel nicht meine Heimat war, so sprang doch mein Herz wie ein munteres Rehlein, als wir über die sanften grünen Hügel ritten, und Richard strahlte mit der Frühlingssonne um die Wette. Er hatte allen Grund dazu, denn wo immer er sich zeigte, feierte ihn das Volk als König und Kreuzzugshelden. England zumindest würde er nicht zurückerobern müssen. Eleonore, Hubert Walter und Richards Ruf als edler Kreuzritter hatten sein Land für ihn bewahrt.

Auch in London empfing Richard ein unbeschreiblicher Jubel. Aber wie wir jetzt erfuhren, gab es andernorts doch noch Widerstand: Zwei Festungen in Mittelengland, Tickhill und Nottingham, wollten sich Richard nicht unterwerfen. Es waren Lehen Prinz Johanns, und die Burgherren hielten ihm – warum auch immer! – noch die Treue. Als Richard sich vor Tickhill zeigte, gab die Besatzung sofort auf. Als er vor Nottingham verkünden ließ, er sei wieder im Land und man solle die Festung übergeben, war die Antwort ein Pfeilhagel. Die Besatzung glaubte ihm einfach nicht! Außer sich vor Wut gab er den Befehl zum Angriff. Einen ganzen Tag wurde gekämpft, doch wir konnten die Festung nicht erobern. Erst nachdem Richard über Nacht Belagerungstürme, Rammböcke und Katapulte herangeschafft hatte, gelang es uns, schweren Schaden anzurichten. Noch sichtlich zweifelnd er-

Das ENDE LEOPOLDS ließ viele an eine göttliche Strafe denken: Zwei Jahre, nachdem er Richard gefangen genommen hatte, starb er infolge eines Reitunfalls. Zuvor hatte er sich verpflichtet, das Lösegeld an Richard zurückzuzahlen. So wurde er vom Kirchenbann befreit.

FRAUEN standen im Mittelalter unter dem Schutz (*mundium*) eines männlichen Vormunds, etwa des Vaters, des Bruders oder des Ehemannes. Sie konnten keine öffentlichen Ämter bekleiden und nur eingeschränkt über ihren Besitz verfügen. In Kriegszeiten räumte man ihnen jedoch mehr Handlungsspielraum ein: Dann durften und mussten sie die Lehen der abwesenden Männer verwalten.

Am 29. März 1194 unternahm Richard einen Jagdausflug in den Sherwood Forest – so viel ist sicher. Ob er dort ROBIN HOOD traf oder nicht (und ob es Robin Hood überhaupt gab), werden wir wohl nie erfahren. Dass der böse Sheriff in der Legende ausgerechnet in Nottingham angesiedelt ist, mag seinen Grund darin haben, dass diese Festung das letzte Widerstandsnest war. Die ältesten Geschichten um Robin Hood erwähnen allerdings weder Richard Löwenherz noch die Stadt Nottingham.

schienen zwei Unterhändler. Richard ritt heran und fragte nur: „Nun, was seht ihr? Bin ich hier?" Weitere Worte waren nicht nötig. Die Besatzung der Burg Nottingham gab auf.

Am nächsten Tag gönnte sich Richard einen Jagdausflug in den riesigen königlichen Wald, der sich nördlich an Nottingham anschloss: Sherwood Forest. Später erzählte man sich, er habe dort einen berühmten Geächteten getroffen, den die Engländer Robin Hood nannten. Es hieß, Richard habe ihn begnadigt, weil Robin Hood für den König gekämpft habe. Vielleicht war es so. Vielleicht auch nicht. Ich werde nichts darüber erzählen.

Im April, am Weißen Sonntag, ließ sich Richard in der Kathedrale von Winchester ein zweites Mal zum König von England krönen. Es war ein wunderbares Fest. Und ich darf in aller Bescheidenheit sagen, dass ich daran einen gewissen Anteil hatte, denn natürlich sollte ich die vielen neuen Lieder vortragen, die ich auf unserer langen Reise gedichtet hatte. Danach war für mich die Zeit gekommen, in meine Heimat zurückzukehren. Das hieß, es war auch die Zeit, von Richard Abschied zu nehmen.

„Nun willst du mich also verlassen, ja?", fragte er mich, als er in Portsmouth darauf wartete, dass sich der Sturm über der Nordsee legte und er mit seiner Flotte in die Normandie übersetzen konnte. Er brannte darauf, Philipp in seine Schranken zu weisen und sich die Gebiete, die der französische König erobert hatte, zurückzuholen.

„Einstweilen ja, Herr", antwortete ich. „Mit Philipp werdet Ihr auch ohne mich fertig."

Richard lachte.

„Schwerlich. Aber es wird wohl ohne dich gehen müssen. Ich verstehe, dass du dich um deine Familie und um deine Lehen kümmern willst. Ich wünsche dir alles Gute und Gottes Segen, mein Freund."

„Das wünsche ich Euch auch, Herr", erwiderte ich und beeilte mich, zu meinem Pferd zu kommen. Es ist besser, wenn man einen Abschied kurz hält, nicht wahr?

Adlige waren grundsätz-
lich dazu verpflichtet,
ihrem Lehnsherrn Kriegs-
dienst zu leisten. Durch
die Zahlung eines SCHILD-
GELDES konnten sie sich
aber vom Kriegsdienst
befreien lassen.

Und so ritt ich nach Dover, setzte nach Calais über und kam nach vier langen Jahren endlich wieder nach Hause. Dank Elisabeth war dort alles in bester Ordnung (trotzdem war sie, glaube ich, ganz froh, mich wieder an ihrer Seite zu haben). Ich hatte entschieden, mich aus den Kämpfen, die Richard noch mit Philipp auszufechten hatte, gänzlich herauszuhalten. Daher zahlte ich ein Schildgeld, bestellte meine Felder und dichtete meine Lieder, wie ich es mir so oft erträumt hatte, fern der Heimat im Heiligen Land. Ich fand, ich hatte genug Schlachten geschlagen.

Natürlich ließ ich mir berichten, wie es Richard erging. In der Normandie hatte man ihn mit der üblichen Begeisterung empfangen. In Lisieux hatte sich ihm Prinz Johann zu Füßen geworfen und ihn um Gnade angefleht. Daraufhin hatte Richard ihm aufgeholfen und gesagt: „Johann, habt keine Angst. Ihr seid ein Kind; Ihr seid in schlechte Gesellschaft geraten, und es werden jene sein, die Euch irregeführt haben, die bestraft werden." Was für eine herrliche Gemeinheit! Abgesehen davon, dass ich an Richards Stelle den miesen kleinen Verräter wahrscheinlich geviertelt hätte, hielt ich diese Demütigung für eine gerechte Strafe.

Nachdem sich Richard mit seinem Bruder mehr oder weniger versöhnt hatte, machte er sich daran, Stadt um Stadt, Festung um Festung, die Philipp erobert hatte, wieder in seinen Besitz zu bringen. Verneuil, die Touraine und Loches eroberte Richard fast kampflos, und in Fréteval nahm Philipp, der den Kampfgeist eines jungen Kaninchens zeigte, samt seinen Truppen vor Richard Löwenherz Reißaus. Bereits Ende Juli war Richard auch wieder Herr über sein geliebtes Aquitanien.

Zwischen den Kämpfen
widmete sich Richard
seinen Regierungsauf-
gaben. Mihilfe von Hu-
bert Walter schuf er eine
neue Verwaltung für das
Reich. Außerdem führte
er RITTERTURNIERE in
England ein (bis dahin
waren sie dort verboten
gewesen).

Dann allerdings hatte Philipp den Schreck über Richards Angriffslust verwunden und erwies sich als zäher Gegner. Die Kämpfe zwischen ihm und Richard zogen sich über Jahre hin. Im Sommer 1196 verschärften sie sich, und mir stockte der Atem, als ich erfuhr, dass Richard bei der Belagerung der Festung Gaillon schwer verletzt worden war. Der Pfeil eines Armbrustschützen hatte ihn am Bein verwundet. Auch Richards Pferd war getroffen worden, zusammengebrochen und hatte ihn unter sich begraben! Zum ersten Mal hatte man Richard vom Schlachtfeld tragen müssen. Zu meiner Erleichterung hörte ich einige Wochen später, dass er wieder gesund war, und nahm mir vor, ihn bald zu besuchen.

Es dauerte jedoch eine Weile, bis ich mein Vorhaben in die Tat umsetzte. Derweil verfolgte ich mit Erstaunen, wie Richard seinen Krieg mit anderen Mitteln fortsetzte: Anstatt Schlachten zu schlagen, bemühte er sich jetzt verstärkt um Bündnisse. Offenbar hatten ihn die Wochen auf dem Krankenlager zum Umdenken gebracht. Jedenfalls schloss er Frieden mit dem Grafen von Toulouse – nachdem die Grafen von Toulouse fast fünfzig Jahre lang gegen Richards Vater und gegen ihn selbst gekämpft hatten. Nun gab Richard dem Grafen sogar seine Schwester Johanna zur Frau, um den Frieden zu besiegeln. Außerdem ging Richard mit dem Grafen von Flandern, der bisher auf Philipps Seite gestanden hatte, ein Bündnis ein. Künftig würde es Philipp noch schwerer haben, gegen Richard zu kämpfen.

Im September 1197 machte ich mich endlich auf den Weg und besuchte Richard in seinem neuen Hauptwohnsitz: Château Gaillard. Es war ein wahrer Prachtbau von Festung hoch über der Seine. Richard strahlte vor Stolz, als er mir die Burg zeigte, denn er hatte sie in nur einem Jahr nach seinen Wünschen bauen lassen.

„Ist sie nicht wunderschön, meine einjährige Tochter?", fragte er, während wir die Festung betrachteten.

Ich nickte höflich, obwohl die Burg für meine Begriffe noch nicht ganz fertig war. Die Bauarbeiten waren noch nicht abgeschlossen, und innen war es noch ein wenig … nun ja … ungemütlich. Aber das sagte ich Richard natürlich nicht. Ich wollte kein Spielverderber sein. Und wenn es ihn nicht störte, dass es in dem riesigen Bau nur vier Wohnräume gab, dann hatte es mich auch nicht zu stören.

Was Richards Gemahlin dazu sagte, fragte ich lieber nicht. Ich fragte gar nicht nach Berengaria, denn die Spatzen pfiffen es von den Dächern, dass die Ehe nicht glücklich war. Es hieß, Richard nehme es mit der Treue nicht so genau

CHÂTEAU GAILLARD bedeutet „kecke Burg". Die stolze Festung, die auf dem neuesten Stand der Militärtechnik war, hatte einen entsprechend stolzen Preis: 11 500 Pfund hatte ihr Bau verschlungen. Während Richards zehnjähriger Regierungszeit flossen in ganz England gerade einmal 7000 Pfund in den Bau mehrerer Burgen.

und habe sogar eine Weile von seiner Frau getrennt gelebt. Fest stand, dass die beiden nach sechs Jahren Ehe noch immer keine Kinder hatten. Es war zwar nicht von Scheidung die Rede, aber wenn Richard einen Thronfolger wollte ...

Nun, diese Familienangelegenheiten gingen mich nichts an, also stellte ich keine neugierigen Fragen!

Im Januar 1199 hatte Richard den Großteil der für ihn wichtigen Gebiete von Philipp zurückerobert, und die beiden Könige schlossen eine fünfjährige Waffenruhe. Es gab jedoch wieder einmal einen kleinen Aufstand in Aquitanien, den der Graf von Angoulême und der Vizegraf von Limoges angezettelt hatten. Letzterer hatte Richard schon zu seiner Zeit als Herzog von Aquitanien das Leben schwer gemacht. Deshalb wollte Richard seinen alten Feind zur Ordnung rufen und zu-

gleich verhindern, dass sich die Aufständischen mit König Philipp verbündeten. Ich begleitete Richard, den ich nun wieder öfter besuchte, in den Süden des Reiches, nicht ahnend, dass es die letzte Reise sein würde, die ich mit ihm unternahm.

Es war Ende März, als wir vor Châlus Chabrol eintrafen, einer kleinen Burg südwestlich von Limoges. Dort sollte sich der Vizegraf aufhalten, was sich aber als Gerücht herausstellte. Richard ließ die Burg trotzdem belagern. Nach drei Tagen lagen die Außenmauern in Trümmern. Dennoch wollte sich der Burgherr nicht bedingungslos ergeben. Richard wurde sehr wütend (älter war er geworden, aber nicht unbedingt weiser). Er drohte dem Burgherrn, er werde ihn und die gesamte Garnison nach dem Fall der Festung hängen lassen. Nun kämpften die wenigen Verteidiger erst recht verbissen! Am Ende des Tages war es Richards Truppen noch immer nicht gelungen, die Burg einzunehmen.

„Blondel", sagte Richard nach dem Abendessen, „lass uns noch einmal an die Burg heranreiten. Sie muss doch eine Schwachstelle haben!"

Ich weiß nicht, warum, aber mir war sofort unbehaglich bei diesem Vorschlag.

„Herr", antwortete ich, „sollten wir damit nicht bis morgen warten? Es wird bald dunkel."

„Umso besser, oder?", erwiderte Richard und lachte. „Die Schützen des Burgherrn treffen schon bei Tag keine Kuh auf drei Ellen. In der Dämmerung sind sie erst recht keine Gefahr für uns."

Also ritten wir los. Richard trug keine Rüstung, aber wir wurden von Schildträgern begleitet. Als wir dicht an die Burgmauer herangekommen waren, sah ich zum Wehrgang hinauf und suchte nach Armbrustschützen, konnte aber niemanden entdecken. Wir ritten noch näher heran, denn Richard wollte mir einen Mauerabschnitt zeigen, der bereits unterminiert war und bald einstürzen würde. Als ich wieder zur Burg hinaufsah, bemerkte ich ein kurzes goldenes Funkeln hoch oben auf dem Turm, einen goldenen Blitz in der Abendsonne. Ein Zischen zerriss die Luft. Einen Wimpernschlag später steckte ein Armbrustpfeil in Richards Schulter.

„Guter Schuss, Freund!", rief Richard zum Turm empor, bevor er leise fluchend sein Pferd wendete. „Das war dieser Kerl mit der Bratpfanne", sagte er zu mir,

Den Quellen zufolge soll einer der Armbrustschützen wirklich eine Bratpfanne als Schild eingesetzt haben. Die mittelalterliche Kirche stufte die ARMBRUST als heimtückische Waffe ein und strebte – erfolglos – ein Verbot an. Aufgrund der hohen Durchschlagskraft verursachten Armbrustgeschosse besonders gefährliche Wunden.

während wir ins Feldlager zurückritten. „Hast du ihn gesehen, heute Nachmittag? Den Armbrustschützen, der eine Bratpfanne als Schild benutzte? Bei Gottes Beinen, war das lächerlich!"

Ich hatte den Mann gesehen, ja, aber ich konnte Richard nicht antworten. Es war seltsam: Obwohl er aufrecht im Sattel saß und redete, als sei nichts gewesen, ahnte ich, dass er schwer verwundet war, und ich kämpfte mit den Tränen.

„Was ist, Blondel?", brummte Richard nach einem Seitenblick. „Wirst du immer weibischer auf deine alten Tage? Keine Sorge. Ist nur ein Mückenstich."

Ich wusste genau, dass es diesmal nicht so war. Zu oft hatte Richard Glück gehabt. Es konnte nicht immer gut gehen.

Nachdem Richard seinen Leuten Anweisungen gegeben hatte, wie sie die Belagerung fortsetzen sollten, zog er sich in sein Zelt zurück. Ich holte einen Arzt, doch als wir das Zelt betraten, hatte Richard in seiner Ungeduld schon versucht, sich den Pfeil selbst aus der Schulter zu reißen und dabei den Schaft abgebrochen. Die halbe Nacht lang hatte der Arzt damit zu tun, die mit Widerhaken versehene Pfeilspitze, die noch tief in der Wunde steckte, bei schwachem Fackelschein zu entfernen.

Am nächsten Tag, als ich Richard meldete, dass Châlus Chabrol gefallen war, hatte er hohes Fieber, und die Wunde war stark entzündet.

„Blondel", sagte er ganz ruhig, „wir beide haben genug Kreuzfahrer an Wundbrand sterben sehen, um zu wissen, dass mein Weg hier zu Ende ist. Ich möchte mich von meiner Mutter verabschieden. Sie soll herkommen. Schickst du ihr einen Boten?"

„Natürlich, Herr", antwortete ich, nicht halb so gefasst wie er. „Was kann ich noch für Euch tun?"

„Der Armbrustschütze mit der Bratpfanne soll zu mir kommen", antwortete Richard. „Ich will ihm vergeben und ihn begnadigen."

Ich versprach ihm, auch dafür zu sorgen. Richard trug mir weiterhin auf, seine Gefolgsleute zu versammeln: Er wollte, dass sie Johann, den er zu seinem Nachfolger ernannt hatte, den Treueid leisteten. Und er wollte bei dem Abt eines nahe gelegenen Klosters die Beichte ablegen und König Philipp vergeben. Schließlich bat

Richards Leute missachteten den Letzten Willen ihres Königs und folterten den Armbrustschützen, der Richard getroffen hatte, zu Tode. Auch Richards unehelicher Sohn Philipp von Cognac soll RACHE geübt haben: Es heißt, er habe den Vizegrafen von Limoges noch im Jahr 1199 eigenhändig getötet.

er, man solle sein Herz in Rouen bestatten und seinen Körper in der Abtei Fonte-vrault – zu Füßen seines Vaters. Ich konnte zu alldem nur noch nicken, brachte kein Wort mehr heraus.

Auch jetzt fehlen mir die Worte; ich kann und will hier nicht berichten, wie ich für immer von Richard Abschied nahm. Nur so viel sei gesagt: Am 6. April 1199, elf Tage, nachdem Richard verwundet worden war, nahm ihm der Abt, nach dem er gesandt hatte, die Beichte ab. Danach, so erzählte man mir, starb Richard friedlich in den Armen seiner Mutter.

Obwohl ich in den letzten Jahren nicht ständig an seiner Seite gewesen war, vermisste ich Richard schmerzlich. Gewiss, er war kein Heiliger, hatte Dinge getan, die ich ihm nie wirklich verzeihen konnte. Aber für alles, was löwenherzig an ihm gewesen war, hatte ich ihn stets bewundert. Leider gelang es mir nicht, meine Empfindungen in ein Lied zu kleiden. Meine Lieder drehten sich weiterhin nur um die Liebe (von der ich Richard mehr gewünscht hätte in seinem Leben). Doch der aquitanische Troubadour Gaucelm Faidit widmete Richard diese Totenklage:

Ein schreckliches Ereignis ist es, das größte Unglück
und der größte Kummer, weh mir, die mir je widerfahren sind,
fortwährend muss ich es weinend beklagen
und in Liedern davon erzählen,
denn er, die Krone und der Vater der Tapferkeit,
der edle, der kühne Richard, König der Engländer,
ist tot – oh Gott! Welch ein Verlust, welch schwerer Schlag!
Welch eine harte Kunde, schmerzvoll zu hören,
nur ein kaltes Herz kann sie ohne Leid ertragen.

Richard war der vierte Sohn, den ELEONORE zu Grabe tragen musste. „Ich habe die Stütze meines Alters verloren", sagte sie, „mein Augenlicht!" Bald nach Richard starb auch seine Schwester Johanna.

KGR.
SCHOTTLAND

Dublin

IRLAND

WALISISCHE
FÜRSTENTÜMER

KGR.
ENGLAND
Nottingham
Oxford
Windsor
Winchester
London
Portsmouth
Dover

HEILIGES
RÖMISCHES
REICH

Amiens
Rouen
Nesle
Gaillard
Caen
Rhein
Mainz
Ochsenfurt
BRETAGNE
Paris
Speyer
NORMANDIE
KGR.
Le Mans
FRANKREICH
Trifels
Angers
Fontevrault
Tours
Seine
Chinon
Poitiers
Loire
Vézelay

Limoges
Taillebourg
Angoulême
Lyon
Pontebbapass
Châlus Chabrol
AQUITANIEN
Aquileia
Rhône
KGR. LEON
GASCOGNE
Po
Genua
KGR.
PORTUGAL
KGR.
NAVARRA
Toulouse
Marseille
KGR.
KASTILIEN
Pisa
KGR.
ITALIEN
KGR.
ARAGON
Rom

ALMOHADEN

Palerm

LEGENDE

ANGEVINISCHES REICH
BESITZUNGEN AUF DEM FESTLAND

ANGEVINISCHES REICH
KÖNIGREICH ENGLAND

RICHARD LÖWENHERZ REISEROUTE

RICHARD LÖWENHERZ FLOTTE

RÜCKWEG

Richard Löwenherz und seine Zeit

Schon zu Lebzeiten war Richard Löwenherz eine Legende. Seine Zeitgenossen bewunderten ihn, da er für sie die wichtigsten ritterlichen Tugenden verkörperte: Tapferkeit, Ehre, Würde, Treue und Großzügigkeit. Und noch heute gilt Richard als furchtloser Krieger, als Inbegriff des kühnen Kreuzritters, als edelmütiger König. Er ist Held von Romanen, Theaterstücken, Opern und Kinofilmen und Gegenstand von Biografien. Dabei hat er weder als Politiker noch als Feldherr wirklich epochemachende Leistungen vorzuweisen. Sein Herrschaftsgebiet konnte er zwar erhalten, aber kein riesiges Reich schaffen wie etwa Alexander der Große. Mit dem Bau von Château Gaillard (bei dem er auf Kenntnisse zurückgreifen konnte, die er im Heiligen Land erworben hatte) setzte er neue Maßstäbe im abendländischen Festungsbau, doch das allein kann seine Berühmtheit nicht rechtfertigen. Während des dritten Kreuzzugs errang er mit der Eroberung von Zypern und Akkon und den Siegen vor Jaffa und bei Arsuf wichtige militärische Erfolge; er sicherte den Europäern den Küstenstreifen des Heiligen Landes, der für den Mittelmeerhandel von großer Bedeutung war. Doch das eigentliche Ziel des Kreuzzugs, die Rückeroberung Jerusalems, konnte er nicht erreichen. Dennoch fasziniert Richard Löwenherz die Menschen nach wie vor, zählt zu den bekanntesten und schillerndsten Gestalten des Mittelalters. Was ist der Grund?

Wenn es nicht Richards Leistungen waren, die seinen Ruhm begründeten, dann muss es sein Charakter gewesen sein. Ganz sicher entsprach Richard nicht dem Idealbild des tadellosen Ritters. Aber vielleicht machen ihn gerade seine Unvollkommenheit und seine Vielschichtigkeit so interessant. Er war ein Mensch voller Widersprüche: begeisterter Krieger und besonnener Staatsmann, kühl taktierender Heerführer und kunstsinniger Troubadour, frommer Kreuzritter und leidenschaftlicher Genießer. Temperamentvoll und jähzornig soll er gewesen sein, zugleich aber auch großzügig und nicht nachtragend. Offenbar besaß er eine sehr gute Menschenkenntnis, denn bei der Wahl seiner Gefolgsleute traf er äußerst kluge Entscheidungen. Nur so gelang es ihm, sein Reich unter schwierigsten Bedingungen zusammenzuhalten – was er in dieser Beziehung geleistet hat, wird erst deutlich, wenn man in Betracht zieht, wie schnell das Angevinische Reich nach Richards Tod unter der Herrschaft von König Johann zerfiel.

Richards Führungsqualitäten waren herausragend. Er war nicht nur ein kluger Stratege, sondern kämpfte selbst stets an vorderster Front und riskierte in der Schlacht sein Leben. Sein unbedingter persönlicher Einsatz scheint auch in einer Zeit, in der es üblich war, dass der König selbst in den Krieg zog, ungewöhnlich gewesen zu sein und Freund und Feind gleichermaßen beeindruckt zu haben.

Doch neben seiner Tapferkeit verfügte er über eine andere Eigenschaft, die mindestens ebenso wichtig sein dürfte: Er kannte seine Grenzen. Damit wies er eine weitere, allerdings selten gewürdigte ritterliche Tugend auf: Maßhaltung. Vielleicht sollte man ihm den Verzicht auf Jerusalem und den Waffenstillstand, den er mit Sultan Saladin vereinbarte, nicht als Scheitern auslegen, sondern als Beweis für Einsicht und Vernunft. Dass Richard seine Leute nicht in einen sinnlosen, blutigen Kampf um Jerusalem schickte, spricht für ihn, nicht gegen ihn. Dass er sich damit begnügte, einen Waffenstillstand auszuhandeln und auf diese Weise erreichte, dass christliche Pilger die heiligen Stätten in Jerusalem besuchen durften, sollte man genauso wenig als Niederlage werten. Ob er aus dem Massaker vor Akkon, das man zweifellos als Akt der Barbarei verurteilen muss, gelernt und nach den Begegnungen mit Saphadin und anderen Muslimen seine Haltung zum Islam überdacht hat, werden wir nie erfahren. Immerhin erwies sich der Waffenstillstand als haltbar, und für eine Weile herrschte im Heiligen Land ein friedliches Miteinander von Christen und Muslimen.

Im Lauf seiner Regierungszeit entwickelte sich Richard immer mehr vom Krieger zum Staatsmann. Sein Vermächtnis besteht nicht in Eroberungen und gewonnenen Kriegen. Es sind vielmehr sein Charisma, sein Wagemut, der an Tollkühnheit grenzte, in Verbindung mit dem Mut, die eigenen Grenzen zu erkennen, die ihm einen Platz in der Geschichte gesichert haben. Der arabische Chronist Baha al-Din nennt ihn einen „Mann von großem Mut und Geist". Erst diese Verbindung verleiht seinem Beinamen Glanz: Löwenherz.

Europa im 12. Jahrhundert

Im 12. Jahrhundert gab es noch keine Nationalstaaten, wie wir sie heute kennen. Zu Richard Löwenherz' Zeit war Europa in Königreiche, Herzogtümer und Grafschaften gegliedert. Richard war Herrscher über ein Gebiet, das neben England große Teile des heutigen Frankreich umfasste. Heute nennen die Historiker dieses Herrschaftsgebiet nach der Grafschaft Anjou das „Angevinische Reich". Zu Richards Zeit gab es keinen Begriff, der das gesamte Gebiet bezeichnete. Richard war zunächst einmal König von England. Außerdem herrschte er über die festländischen Herzogtümer und Grafschaften seines Reiches, doch das bedeutete nicht, dass ihm diese Gebiete „gehörten". Er hatte sie sozusagen „geliehen", zu Lehen bekommen, und zwar von seinem Lehnsherrn: König Philipp II. August von Frankreich. Ihm musste er für die Gebiete auf dem Festland huldigen, d.h. König Philipp offiziell als seinen Lehnsherrn anerkennen und ihm Gefolgschaft schwören.

Richard war nun seinerseits Lehnsherr und konnte seine Gefolgsleute „belehnen", ihnen also ein Lehen auf Lebenszeit zur Verfügung stellen. Meist war ein Lehen gleichbedeutend mit Grund und Boden; es konnte ein Gutshof mit dazugehörigen Ländereien sein oder sogar ein ganzes Dorf. Es wurden jedoch auch weltliche und kirchliche Ämter als Lehen vergeben. Der Lehnsmann (Vasall), der ein Lehen von seinem Lehnsherrn bekam, war verpflichtet, ihm „mit Rat und Hilfe" zu dienen. Das konnte z.B. bedeuten, dass er ihn im Kriegsfall militärisch und/oder finanziell unterstützen musste. Er konnte aber auch zu Verwaltungstätigkeiten am Hof des Herrn herangezogen werden. Richard ließ sich allein die Vergabe von Lehen wahrhaft fürstlich bezahlen und finanzierte so seinen Kreuzzug.

Das flächenmäßig größte europäische Reich jener Zeit war das Herrschaftsgebiet des deutschen Kaisers, das Heilige Römische Reich. In diesem Gebiet war der deutsche Kaiser der oberste Lehnsherr. Seine Vasallen, die Reichsfürsten, hatten sich jedoch eine größere Unabhängigkeit erstritten als die westeuropäischen Lehnsleute.

Die mittelalterliche Gesellschaft war streng hierarchisch gegliedert. An der Spitze stand der Kaiser oder der König. Im Angevinischen Reich kamen als Nächstes die Herzöge, die das Recht hatten, „vor einem Heer zu ziehen", d.h. selbst Truppen zu versammeln. Danach kamen die Grafen und die Barone. Ritter gehörten zu Richards Zeit dem niederen Adel an, und der Titel konnte noch nicht vererbt werden. Unterhalb des Adels standen die Handwerker und die freien Bauern. Die Unterschicht bildeten die unfreien Bauern, die sogenannten Hörigen, und die Leibeigenen (Sklaven). Frauen waren, ganz gleich, welcher Schicht sie angehörten, rechtlich benachteiligt.

Die Kreuzzüge

Judentum, Christentum und Islam haben gemeinsame Wurzeln. Diese drei großen Religionen beziehen sich auf Abraham als Stammvater und werden daher auch „abrahamitische Religionen" genannt. Doch während Jesus für die Christen Gottes Sohn und der Erlöser der Menschen ist, sehen ihn die Muslime als einen wichtigen, aber nicht den wichtigsten Propheten Gottes. Als bedeutendsten Propheten verehren sie Mohammed oder Muhammad („der Gepriesene"), der um 570 in Mekka geboren wurde und am 8. Juni 632 in Medina starb. Nachdem Mohammed der Engel Gabriel (arabisch: Djibril) erschienen war und ihm befohlen hatte, die durch Götzendienst entweihte Religion Abrahams wiederherzustellen, begann Mohammed, die göttlichen Offenbarungen zu verkünden. Seine Schüler schrieben die Worte, die Allah („Gott") Mohammed diktierte, nieder. So entstand die heilige Schrift der Muslime, der Koran. Und Mohammed wurde nicht mehr nur als Erneuerer der abrahamitischen Religion gesehen, sondern als „Siegel der Propheten" und Stifter einer neuen Religion, die nach einem Begriff im Koran Islam genannt wurde: „Hingabe an Gott". Dieser Gott ist allwissend, allmächtig und barmherzig. Seine Erwartung an den Menschen ist, dass er gute Taten vollbringe. Der gläubige Muslim soll gerecht, freigebig, gehorsam, dankbar, geduldig, beharrlich, solidarisch und aufrichtig sein. Nach Mohammeds Tod breitete sich der Islam rasch aus. Im Hochmittelalter befanden sich große Teile Spaniens, Nordafrikas, des Nahen Ostens und Indiens unter islamischer Herrschaft.

Im Jahr 1070 eroberten die Seldschuken, ein türkisches Herrschergeschlecht, die Stadt, die für die Muslime neben Mekka und Medina die wichtigste Pilgerstätte ist:

149

Jerusalem. Auf der Synode von Clermont schilderte Papst Urban II. im November 1095 die Leiden und Gefahren, die die christlichen Wallfahrer nun auf ihrem Weg in die Heilige Stadt erwarteten, und bald hatte er seine Zuhörer davon überzeugt, dass es nötig sei, in einen „gerechten Krieg" gegen die „Ungläubigen" – damit waren die Muslime gemeint – zu ziehen und Jerusalem zu „befreien". *Deus lo vult!* – „Gott will es!", so lautete die Antwort. Damit war der erste Kreuzzug beschlossen.

1096 brachen die ersten Kreuzheere, geführt von der französischen und süditalienisch-normannischen Ritterschaft, auf und erreichten drei Jahre später das Heilige Land. Auf dem Weg dorthin war es bereits in Kleinasien (der heutigen Türkei) und in Antiochia (heute die türkische Stadt Antakya) zu heftigen Kämpfen gegen die Seldschuken gekommen. Am 15. Juli 1099 gelang es den Kreuzfahrern, Jerusalem zu erobern. Dabei plünderten und verwüsteten sie die Stadt und richteten ein furchtbares Blutbad unter der muslimischen und jüdischen Bevölkerung an.

Nach der Eroberung der Heiligen Stadt wurde Gottfried von Bouillon, Herzog von Niederlothringen, zum „Beschützer des Heiligen Grabes" gewählt. Nach seinem Tod im Jahr 1100 wurde sein Bruder Balduin der erste „König von Jerusalem". Neben dem Königreich Jerusalem waren mit den Grafschaften Edessa und Tripolis und dem Fürstentum Antiochia drei weitere sogenannte Kreuzfahrerstaaten entstanden. Hier siedelten sich Christen an, und es wurden Ritterorden gegründet: Die Templer, Johanniter (auch: Hospitaliter) und der Deutsche Orden setzten sich zum Ziel, die christlichen Siedler und Pilger zu versorgen und die eroberten Gebiete zu verteidigen. Dazu errichteten sie mächtige Festungen, u. a. Krak des Chevaliers und Margat im heutigen Syrien.

Trotzdem gelang es islamischen Truppen im Jahr 1144, die Grafschaft Edessa einzunehmen. Daraufhin rief Papst Eugen III. im Dezember 1145 zum zweiten Kreuzzug auf. Es gelang aber erst dem Prediger Bernhard von Clairvaux, den deutschen König Konrad III. und den französischen König Ludwig VII. (den ersten Ehemann Eleonores von Aquitanien) zur Teilnahme zu bewegen. Das Unternehmen war ein völliger Fehlschlag: Die Kreuzheere, die sich 1147 in Marsch gesetzt hatten, wurden bereits in Kleinasien von seldschukischen Truppen vernichtend geschlagen.

Im Juli 1187 errang Sultan Saladin, Herrscher eines Reiches, das sich von Ägypten über große Teile der Arabischen Halbinsel bis zur türkischen Grenze erstreckte, in der Schlacht von Hattin (nahe des Sees Genezareth) einen großen Sieg über das Heer der Kreuzfahrerstaaten. Guido von Lusignan, der damalige König von Jerusalem, und einige andere christliche Ritter gerieten in Gefangenschaft. Am 2. Oktober 1187 eroberte Saladin Jerusalem. Papst Gregor VIII. rief nun zum dritten Kreuzzug auf. Richard Löwenherz, damals noch nicht König von England, verpflichtete sich als erster Fürst nördlich der Alpen zur Teilnahme. Der Erste, der tatsächlich aufbrach, war jedoch der deutsche Kaiser Friedrich I. Barbarossa. Am 11. Mai 1189 zog er mit seinem Heer in Richtung Kleinasien. Im Heiligen Land kam er aber nie an: Kaiser Barbarossa starb am 10. Juni 1190 bei einem Bad in dem Fluss Saleph (heute Göksu in der Türkei). Daraufhin machten sich viele deutsche Kreuzfahrer auf den Heimweg. Nur noch ein sehr kleines Truppenkontingent erreichte die belagerte Stadt Akkon. Dieses Kontingent unterstand nun dem Befehl des österreichischen Herzogs Leopold V. Im Juli 1191 wurde Akkon von Richard Löwenherz und dem französischen König Philipp II. August erobert. Nach Philipps Abreise konnte das Kreuzheer unter Richards Führung noch wichtige Festungen und Städte, u. a. Jaffa, einnehmen und den Christen die Herrschaft über die Küste des Heiligen Landes sichern. Auf den Versuch, Jerusalem zu erobern, musste Richard allerdings verzichten. Akkon blieb hundert Jahre lang die Hauptstadt des christlichen Königreichs Jerusalem.

1202 rief Papst Innozenz III. zum vierten Kreuzzug auf. Statt dem päpstlichen Willen zu gehorchen und Jerusalem einzunehmen, zog das Kreuzheer jedoch gegen Konstantinopel (heute Istanbul). Das Kreuzheer zerschlug das Byzantinische Reich und errichtete ein Lateinisches Kaiserreich.

Im Jahr 1228 folgte der deutsche Kaiser Friedrich II. dem Aufruf zum fünften Kreuzzug. Friedrich setzte auf Verhandlungen mit dem ägyptischen Ayyubidensultan al-Kamil und war mit dieser Strategie sehr erfolgreich: Kampflos erreichte er die Freigabe der christlichen Pilgerstätten. 1229 krönte er sich selbst zum König von Jerusalem.

Schon 1244 war ganz Jerusalem jedoch wieder in muslimischer Hand. Der sechste Kreuzzug (1248–1254) war ein Misserfolg, ebenso der siebte (1270). Beide Kreuzzüge führte der französische König Ludwig der Heilige. Im Jahr 1291, genau hundert Jahre nach der Eroberung durch Richard und Philipp, ging mit der Stadt Akkon die letzte christliche Bastion im Heiligen Land verloren.

Schon im Mittelalter waren die Kreuzzüge umstritten. Die Kirche rechtfertigte sie mit einem Zitat aus der berühmtesten Schrift des heiligen Augustinus, *Über den Gottesstaat*, wonach ein „gerechter Krieg" durchaus gottgewollt und gottgefällig sein könne. Kritiker hielten dem entgegen, das fünfte Gebot ließe keine Ausnahmen zu: „Du sollst nicht töten" ist eine absolute Forderung. Demnach dürfe ein Christ auch dann nicht zum Schwert greifen, wenn es darum gehe, seinen Glauben zu verteidigen.

In jedem Fall ging es bei den Kreuzzügen nicht nur um die Verteidigung des christlichen Glaubens, es steckten auch handfeste wirtschaftliche Interessen dahinter. Europa war vom Mittelmeerhandel abhängig, und die Handelsrouten der italienischen Hafenstädte Genua, Pisa und Venedig sollten unter abendländischer Kontrolle bleiben. Außerdem war die europäische Bevölkerung seit dem 11. Jahrhundert stark gewachsen: Die Europäer brauchten neue Siedlungsgebiete. Nicht zuletzt war das fruchtbare Niltal mit all seinen Schätzen heiß begehrt. Durch die Kreuzzüge gelangten jedoch nicht nur kostbare Handelsgüter wie Stoffe und Gewürze nach Europa, sondern auch medizinisches Wissen (darin war die islamische Kultur dem christlichen Abendland weit voraus) und orientalisches Gedankengut.

Troubadoure, Trouvères und Minnesänger

Seit dem späten 11. Jahrhundert sind Liederdichter bezeugt, die man auf Okzitanisch Trobadors (wahrscheinlich vom Mittellateinischen *tropus* = „Finder" abgeleitet) nannte und die an den Höfen Südfrankreichs ihre Werke vortrugen. Viele dieser Troubadoure (so die französische Bezeichnung) entstammten dem Adel. Sie dichteten und musizierten nur zu ihrem Vergnügen. Es gab aber auch nichtadlige Troubadoure, die von Adelshof zu Adelshof zogen und mit ihrer Kunst ihren Lebensunterhalt verdienten. Die Lieder der Troubadoure folgten einer strengen Form von Versen und Strophen, konnten aber die verschiedensten Themen behandeln: Moral und Religion ebenso wie Politik. So gibt es etwa eine ganze Reihe von Liedern, die Kritik an den Kreuzzügen üben, u. a. von Bertran de Born, der anfangs ein Feind von Richard Löwenherz war, später jedoch in dessen Lager wechselte.

Das wichtigste Thema der Troubadourdichtung ist allerdings die Liebe. Der Sänger lobte die Schönheit einer edlen Dame, die aber für ihn unerreichbar war, weil sie bereits einem anderen gehörte. Diese Form des Liebeslieds wurde europaweit zum Vorbild der Dichtung. Im Heiligen Römischen Reich entwickelte sich daraus die Minnelyrik. Maßgeblichen Einfluss auf die Verbreitung der Troubadourdichtung in diesem Gebiet hatten Richards Schwager Heinrich der Löwe und dessen Sohn Otto (der spätere Kaiser Otto IV.), die über Richard mit dieser Kunst in Berührung gekommen waren.

Wilhelm IX. von Aquitanien, Richards Urgroßvater, gilt als der erste Troubadour. Sein berühmtestes Werk ist das Rätselgedicht „Ich mach ein Lied aus eitel Nichts" (Lied 7, *Farai un vers de dreyt nien*), in dem er den poetischen Schaffensprozess ironisch darstellt. Große Troubadoure waren Raimbaut d'Orange, Cercamon, Marcabru, Bernart de Ventadorn, Gaucelm Faidit – und Richard Löwenherz. In Nordfrankreich nannte man die Liederdichter, die dort ab der zweiten Hälfte des 12. Jahrhunderts wirkten und sich an den Troubadouren orientierten, Trouvères. Zu den berühmtesten zählen Chrétien de Troyes, Conon de Béthune, Gace Brulé – und Blondel de Nesle.

In Aquitanien gab es auch weibliche Troubadoure, die Trobairitz. Rund zwanzig sind namentlich bekannt, darunter Beatriz de Dia, Azelaïs de Porcairagues und Maria de Ventadorn. Über das Leben dieser Frauen weiß man leider nur sehr wenig, doch einige ihrer Lieder sind überliefert. Die meisten behandeln die höfische Liebe, doch auch die Trobairitz dichteten politische Spottlieder oder beschäftigten sich mit moralischen Fragen.

Personenverzeichnis

Berengaria von Navarra (um 1165–1230) war Richards Ehefrau und Königin von England. Da die Ehe kinderlos blieb und das Paar längere Zeit getrennt lebte, entstand der Eindruck, die Ehe sei nicht glücklich gewesen. Doch ab 1196 lebten die beiden wieder zusammen, und der Bischof von Lincoln berichtet, Berengaria habe nach Richards Tod sehr um ihn getrauert. Mit Eleonore und Johann musste sie allerdings lange darum kämpfen, dass man ihr eine Witwenrente zahlte. 1229 gründete Berengaria eine Zisterzienserabtei in der Nähe von Le Mans, in die sie sich zurückzog.

Blondel de Nesle war ein Trouvère, von dem mehr als zwanzig Lieder in picardischer Sprache überliefert sind. Man weiß nicht genau, wer sich hinter dem Künstlernamen Blondel verbirgt, aber wahrscheinlich handelt es sich um Johann I. von Nesle, einen picardischen Adligen. Johann war Herr von Nesle und Burggraf von Brügge. Seine genauen Lebensdaten sind nicht bekannt, aber wahrscheinlich wurde er um 1156 geboren und starb nach dem Jahr 1200. Er war verheiratet mit Elisabeth von Peteghem. Das Paar hatte fünf Kinder: Johann, Ivo, Radulf, Ada und Gertrud. Der zweitgeborene Sohn, Ivo, starb noch im Kindesalter. Johann I. nahm am dritten Kreuzzug teil. Ob er dort an der Seite Richard Löwenherz' kämpfte, ist nicht bekannt. Interessant ist allerdings, dass Richard einem Gefolgsmann namens Blondel ein Lehen auf der Insel Guernsey gab. Blondels Lieder werden noch heute von vielen Mittelalterensembles gespielt.

Eleonore von Aquitanien (1122–1204) war Richards Mutter. In erster Ehe war sie mit dem französischen König Ludwig VII. verheiratet, mit dem sie zwei Töchter hatte, Richards Halbschwestern Marie und Alice. Eleonore begleitete ihren Mann auf den zweiten Kreuzzug (1147–1149). 1152 wurde die Ehe annulliert und Eleonore heiratete den englischen König Heinrich II. Damit war sie Herzogin von Aquitanien und Königin von England. Mit Heinrich hatte sie acht Kinder: Wilhelm, der im Alter von drei Jahren starb, Heinrich den Jüngeren, Mathilde, Richard, Gottfried, Eleonore, Johanna und Johann. Nachdem Richard, ihr Lieblingssohn, König von England geworden war, unterstützte sie ihn tatkräftig. Als „Königin zweier Länder und Mutter zweier Könige" gilt Eleonore heute als eine der mächtigsten Frauen des Mittelalters.

Guido von Lusignan (gest. 1194) war von 1186 bis 1192 König von Jerusalem. Im Juli 1187 unterlag er Saladin in der Schlacht von Hattin. Nach dem Tod seiner Frau Sibylle im Jahr 1190 fiel die Krone an deren Schwester Isabella. Da Guido nur durch seine Heirat mit Sibylle König gewesen war, sprach sich die Mehrzahl der Adligen im Heiligen Land dafür aus, Isabellas Mann, Konrad von Montferrat, zum König von Jerusalem zu erheben. Im April 1192 verzichtete Guido auf die Krone von Jerusalem. Richard verkaufte ihm, seinem Lehnsmann, als Entschädigung die Insel Zypern.

Heinrich der Löwe (um 1130–1195) war Herzog von Sachsen und Bayern. Er stammte aus dem Geschlecht der Welfen. Um ein deutsch-englisches Bündnis zu schmieden, heiratete er Richards Schwester Mathilde. Mit dem Stauferkaiser Friedrich I. Barbarossa lieferte sich Heinrich einen Machtkampf, den er verlor: Heinrich wurde wegen Landfriedensbruchs verurteilt und geächtet. Daraufhin ging Heinrich nach England ins Exil, an den Hof seines Schwiegervaters Heinrich II. Mit seinem Schwager Richard verstand er sich so gut, dass er seinen Sohn, den späteren Kaiser Otto IV., an Richards Hof in Aquitanien erziehen ließ.

Heinrich II. (1133–1189) war Richards Vater. Er stammte aus dem Haus der Plantagenets. 1154 wurde er König von England, zudem herrschte er über Herzogtümer und Grafschaften im Gebiet des heutigen Frankreich. Dieses Gebiet nennt man heute das Angevinische Reich. Heinrich II. führte sehr erfolgreiche Regierungs-, Verwaltungs- und Rechtsreformen durch. Den Aufstand seiner Söhne konnte er jedoch nicht niederschlagen.

Johann Ohneland (1167–1216) war Richards jüngerer Bruder. Mehrfach versuchte er, Richard den Thron streitig zu machen, doch erst nach Richards Tod wurde Johann König von England. Von 1199 bis 1206 kämpfte Johann gegen König Philipp von Frankreich um die Normandie. Philipp siegte – das war das Ende des Angevinischen Reiches. Johanns weitere Regierungszeit war von Auseinandersetzungen mit den englischen Baronen geprägt, die ihm schließlich die Gefolgschaft verweigerten. Im Mai 1215 musste Johann die „Magna Carta" unterzeichnen, ein Dokument, das den Baronen mehr Macht einräumte. Die Magna Carta ist noch heute die Grundlage der parlamentarisch-konstitutionellen Monarchie in Großbritannien.

Leopold V. (1157–1194) war Herzog von Österreich. Als Lehnsmann Friedrich Barbarossas folgte er dem Kaiser auf den Kreuzzug und übernahm nach dessen Tod den Befehl über die deutschen Truppen. Nach der Eroberung Akkons durch Richard und König Philipp geriet Leopold mit Richard in Streit. Als Richard auf der Heimreise durch Leopolds Gebiet zog, ließ ihn der Herzog festnehmen und lieferte ihn an den deutschen Kaiser Heinrich VI. aus. Leopold erhielt einen Teil des Lösegelds.

Otto IV. (um 1175–1218) war ein Sohn Heinrichs des Löwen und Mathilde Plantagenets und damit Richards Neffe. Von 1182 an wurde Otto am englischen Königshof erzogen. Richard mochte seinen Neffen so sehr, dass er ihn 1196 zum Herzog von Aquitanien machte. 1198 wurde Otto mit Richards Unterstützung römisch-deutscher König. 1209 wurde er schließlich Kaiser des Heiligen Römischen Reiches – als erster und einziger Welfe.

Philipp II. August (1165–1223) war König von Frankreich und somit Richards oberster Lehnsherr, was die angevinischen Besitzungen auf dem Festland anging. Um Letztere kam es immer wieder zu kriegerischen Auseinandersetzungen zwischen Philipp und Richard. Doch erst nach Richards Tod gelang es Philipp, das nun von Johann regierte Angevinische Reich zu zerschlagen.

Philipp von Cognac (um 1180–nach 1201) war Richards unehelicher Sohn. Wer Philipps Mutter war, weiß man nicht. Fest steht aber, dass Richard Philipp als seinen Sohn anerkannte und dafür sorgte, dass er die Erbin der Burg Cognac heiratete. Dass Philipp den Tod seines Vaters gerächt und den Vizegrafen von Limoges eigenhändig getötet haben soll, ist vermutlich nur eine Legende.

Saladin (1138–1193), arabisch Salah ad-Din Yusuf b. Aiyub ad-Dawini, entstammte der mächtigen Dynastie der Ayyubiden. 1169 begleitete er seinen Onkel auf einen Feldzug nach Ägypten und wurde nach der Eroberung des Landes Sultan. In seiner größten Ausdehnung erstreckte sich Saladins Reich von Ägypten über den westlichen Teil der Arabischen Halbinsel und große Teile des Heiligen Landes bis nach Syrien und an die türkische Grenze. 1187 siegte er in der Schlacht von Hattin über das Heer der Kreuzfahrerstaaten und eroberte schließlich Jerusalem, woraufhin es zum dritten Kreuzzug kam. Der endete 1192 mit einem dreijährigen Waffenstillstand. Saladin hatte Jerusalem und große Teile des Heiligen Landes behaupten können, aber den Küstenstreifen an die Kreuzfahrer verloren. Nach Saladins Tod wurde sein Bruder al-Adil, den die Kreuzfahrer Saphadin nannten, Sultan.

Zeittafel

8. September 1157 Richard wird in Oxford geboren.

Juni 1172 Richard wird Herzog von Aquitanien.

1173 Heinrich der Jüngere verbündet sich mit dem französischen König Ludwig VII. gegen seinen Vater. Seine Brüder Richard und Gottfried schließen sich, unterstützt von ihrer Mutter Eleonore, der Rebellion an.

23. September 1174 Die Rebellion ist gescheitert. Richard unterwirft sich seinem Vater.

10. Mai 1179 Richard erobert die „uneinnehmbare" Festung Taillebourg.

1180 Nach dem Tod Ludwigs VII. wird dessen Sohn Philipp II. König von Frankreich.

Frühjahr 1183 Richard kämpft, unterstützt von seinem Vater, gegen ein mächtiges Bündnis: Heinrich der Jüngere, Philipp II., Graf Raimund V. von Toulouse, Herzog Hugo III. von Burgund und eine Reihe aquitanischer Barone haben sich gegen Richard zusammengeschlossen. Als Heinrich der Jüngere im Juni stirbt, bricht das Bündnis auseinander.

19. August 1186 Richards Bruder Gottfried stirbt bei einem Turnier in Paris.

Juni 1187 Bei Châteauroux stehen sich ein angevinisches und ein französisches Heer gegenüber. Mit diplomatischem Geschick gelingt es Richard, eine Schlacht zu verhindern.

2. Oktober 1187 Saladin erobert Jerusalem.

29. Oktober 1187 Papst Gregor VIII. ruft zum dritten Kreuzzug auf. Schon im November nimmt Richard das Kreuz.

1188 Es kommt erneut zu kriegerischen Konflikten zwischen König Heinrich und König Philipp, auch auf aquitanischem Boden. Bei den Friedensverhandlungen in Bonsmoulins kommt es zum Eklat: Als König Heinrich II. sich weigert, Richard als seinen Thronfolger anzuerkennen, schließt dieser ein Bündnis mit König Philipp von Frankreich.

Juli 1189 Nach erbitterten Kämpfen gegen Richard und Philipp muss der schwer erkrankte König Heinrich seinen Sohn Richard als Thronfolger anerkennen. Zwei Tage später stirbt er.

3. September 1189 Richard wird in London zum König von England gekrönt.

14. Dezember 1189 Richard verlässt England.

4. Juli 1190 Richard und Philipp brechen von Vézelay aus gemeinsam zum Kreuzzug auf.

4. Oktober 1190 Richard erobert Messina.

März 1191 Richard löst seine Verlobung mit Philipps Schwester Alice. Philipp bricht allein in Richtung Akkon auf. Ende des Monats treffen Eleonore und Berengaria in Messina ein.

10. April 1191 Richard verlässt Sizilien. Wenig später gerät die Flotte in einen schweren Sturm. Anfang Mai landet Richard auf Zypern und beginnt mit der Eroberung der Insel.

12. Mai 1191 Richard heiratet Berengaria von Navarra in Limassol.

31. Mai 1191 Kaiser Isaak kapituliert. Richard hat Zypern erobert.

8. Juni 1191 Richard erreicht Akkon. Wenige Tage später erkrankt er schwer. Trotzdem organisiert er die Angriffe auf die Stadt. Gut einen Monat nach seiner Ankunft hat Richard Akkon erobert.

31. Juli 1191 König Philipp reist zurück nach Frankreich. Von nun an hat Richard den Oberbefehl über das Kreuzheer.

August 1191 Etwa 2700 muslimische Geiseln werden von den Kreuzfahrern hingerichtet.

7. September 1191 Das Kreuzheer siegt in der Schlacht von Arsuf über Saladins Truppen. Bald darauf nehmen die Kreuzfahrer Jaffa in Besitz.

Januar 1192 Das Kreuzheer lagert vor Jerusalem. Doch Richard lässt das Heer umkehren, ohne die Stadt anzugreifen.

28. April 1192 Der gerade zum neuen König von Jerusalem gewählte Konrad von Montferrat wird von Assassinen ermordet. Sein Nachfolger wird Richards Neffe Heinrich von Champagne.

4. Juli 1192 Zum zweiten Mal lässt Richard das Kreuzheer kurz vor Jerusalem umkehren. Da er die französischen Truppen nicht für einen Feldzug nach Ägypten gewinnen kann, begibt er sich nach Akkon. Ob er von dort aus die Heimreise antreten oder die Eroberung Beiruts vorbereiten will, ist unklar.

August 1192 Saladins Truppen erobern Jaffa. Richard reist sofort dorthin. Seine Soldaten erobern die Stadt zurück und siegen wenige Tage später in einer Schlacht über Saladins Truppen. Danach erkrankt Richard so schwer, dass seine Leute um sein Leben fürchten.

2. September 1192 Richard schließt mit Saladin einen dreijährigen Waffenstillstand. Anfang Oktober tritt Richard die Heimreise an.

Dezember 1192 In Erdberg, wenige Kilometer vor Wien, wird Richard von Herzog Leopold V. als Geisel genommen.

März 1193 Richard, den Herzog Leopold an Kaiser Heinrich VI. ausgeliefert hat, verteidigt sich vor einem Gericht in Speyer erfolgreich gegen den Vorwurf, er habe das Heilige Land verraten. Trotzdem wird er nicht aus der Haft entlassen: Leopold und Heinrich VI. wollen ein Lösegeld erpressen.

4. Februar 1194 Richard wird freigelassen und landet Mitte März in England. Mitte April lässt er sich in Winchester ein zweites Mal zum König krönen.

Mai bis Juli 1194 Johann, der während Richards Abwesenheit versucht hatte, den Thron an sich zu reißen, unterwirft sich seinem Bruder. König Philipp, der einige angevinische Gebiete erobert hatte, muss vor Richards Truppen fliehen.

August 1194 Richard führt in England Ritterturniere ein.

Sommer 1196 Nach wiederholten Auseinandersetzungen mit Philipp kommt es zu einem angevinisch-französischen Krieg. Bei der Belagerung der Burg Gaillon wird Richard schwer verletzt.

Herbst 1197 Nach nur einjähriger Bauzeit ist Richards neuer Hauptwohnsitz Château Gaillard fertiggestellt.

Juni 1198 Nach dem Tod Kaiser Heinrichs wirkt Richard erfolgreich darauf hin, dass sein Lieblingsneffe Otto zum römisch-deutschen König gewählt wird. Mit Toulouse, Flandern und dem Heiligen Römischen Reich hat Richard nun drei mächtige Bündnispartner gegen Frankreich. Dennoch bricht im September erneut ein angevinisch-französischer Krieg aus.

Januar 1199 Richard und Philipp vereinbaren einen fünfjährigen Waffenstillstand.

26. März 1199 Um einen kleinen Aufstand in Aquitanien niederzuschlagen, belagert Richard die Burg Châlus Chabrol in der Nähe von Limoges. Bei einem abendlichen Erkundungsritt trifft ihn der Pfeil eines Armbrustschützen.

6. April 1199 Richard stirbt vor Châlus Chabrol im Alter von 41 Jahren an den Folgen der Pfeilwunde.

Bibliografie

Berg, Dieter: Die Anjou-Plantagenets. Die englischen Könige im Europa des Mittelalters (1100–1400), Kohlhammer, Stuttgart 2003

Berg, Dieter: Richard Löwenherz, WBG, Darmstadt 2007

Fischer, Robert-Tarek: Richard I. Löwenherz 1157–1199. Mythos und Realität, Böhlau, Wien 2006

Gabrieli, Francesco (Hrsg./Übs.): Die Kreuzzüge aus arabischer Sicht, dtv, München 1976 (ausgewählte und übersetzte arabische Quellen)

Gillingham, John: Richard Löwenherz. Eine Biographie, Claassen, Düsseldorf 1981

Lexikon des Mittelalters. 9 Bände, dtv, München 2003

Milger, Peter: Die Kreuzzüge. Krieg im Namen Gottes, Orbis, München 2000

Nicholson, Helen J. (Übs.): The Chronicle of the Third Crusade. Itinerarium Peregrinorum et Gesta Regis Ricardi, Ashgate, Aldershot 2005

Ohler, Norbert: Reisen im Mittelalter, dtv, München 1993

Pernoud, Régine: Der Abenteurer auf dem Thron. Richard Löwenherz, König von England, dtv, München 2000

Runciman, Steven: Geschichte der Kreuzzüge, dtv, München 2012

Wiese, Leo: Die Lieder des Blondel de Nesle. Kritische Ausgabe nach allen Handschriften, Max Niemeyer, Halle 1904

Gothic Voices: Music for the Lion-Hearted King, Hyperion, London 1989 (CD, enthält zwei Lieder von Blondel de Nesle)

Zitatnachweis

Die Dialoge zwischen Richard und Blondel sind frei erfunden. Aber einige Aussagen Richards sind Zitate aus mittelalterlichen Quellen. Sie sind im Folgenden aufgeführt:

S. 30: Gervasius von Canterbury, zitiert nach Fischer, Richard I. Löwenherz, S. 67

S. 35: Gervasius von Canterbury, zitiert nach Fischer, Richard I. Löwenherz, S. 78

S. 36: *L'histoire de Guillaume le Maréchal*, Online-ausgabe, aus dem Altfranzösischen übersetzt von Birgit Fricke

S. 41: *L'histoire de Guillaume le Maréchal*, zitiert nach Fischer, Richard I. Löwenherz, S. 84

S. 55: Chronik von Richard von Devizes, aus dem Englischen übersetzt von Birgit Fricke

S. 68 (Marginalie): Chronik von Baha al-Din, zitiert nach Gabrieli, Die Kreuzzüge aus arabischer Sicht, S. 267

S. 113 (Marginalie): Chronik von Baha al-Din, zitiert nach Fischer, Richard I. Löwenherz, S. 182

S. 138: *L'histoire de Guillaume le Maréchal*, zitiert nach Fischer, Richard I. Löwenherz, S. 223

Lied von Bertran de Born auf S. 16 aus dem Altfranzösischen übersetzt von Carl Appel, zitiert nach Fischer, Richard I. Löwenherz, S. 37

Die Lieder von Blondel de Nesle auf S. 16 und S. 19 sowie das Lied von Richard Löwenherz auf S. 134 und das Lied von Gaucelm Faidit auf S. 143 sind aus dem Englischen übersetzt von Birgit Fricke.

Der Dialog zwischen Richard und Saphadin auf S. 97 basiert auf einem Briefwechsel zwischen Richard und Saladin, der in der Chronik von Baha al-Din dokumentiert ist.

Serviceteil

BURGEN, FESTE UND MUSEEN
Deutschland
76855 Annweiler am Trifels und Burg Trifels
www.annweiler.de
www.burgen-rlp.de
Das jährliche Richard-Löwenherz-Fest bietet ein mittelalterliches Spektakulum mit Markt, Ritterlager, Musik und Gauklerei.
Von April bis Oktober können Besucher der Burg zudem jeden Samstag und Sonntag das Schauspiel „Die Befreiung des Richard Löwenherz" erleben: Ein Schauspieler nimmt sie bei einer interaktiven Führung mit auf eine spannende Reise ins Mittelalter.

Österreich
3601 Dürnstein
www.duernstein.at
In Dürnstein kann die Burg besichtigt werden, auf der Richard Löwenherz wahrscheinlich gefangen gehalten wurde, nachdem Herzog Leopold ihn als Geisel genommen hatte.

Frankreich
Abbaye de Fontevraud
49590 Fontevraud l'Abbaye
In der königlichen Abteikirche ruhen neben Richard Löwenherz auch seine Mutter Eleonore von Aquitanien und sein Vater Heinrich II. Plantagenet.

FILMTIPP
Der Löwe im Winter
GB 1968
Der mit drei Oscars prämierte Film zeigt den Kampf und die Intrigen um die Thronfolge Heinrichs II. im Jahr 1183. Während König Heinrich seinen Sohn Johann favorisiert, versucht Königin Eleonore (Katherine Hepburn), ihrem Liebling Richard (Anthony Hopkins) den Weg zur Macht zu ebnen.

BUCHTIPPS
Dübell, Richard: Löwenherz.
Im Auftrag des Königs
Ravensburger, Ravensburg 2012
Frei erzählter historischer Jugendroman über zwei Geschwister, die in die Wirren des dritten Kreuzzugs geraten

Kaddor, Lamya: Islam. Geschichte, Glaube und Gemeinschaft
Gerstenberg, Hildesheim 2012

Kinkel, Tanja: Die Löwin von Aquitanien.
Goldmann, München 1991
Historischer Roman über das bewegte Leben der Eleonore von Aquitanien

MUSIKTIPPS
Trobadors. Trouvères. Minnesänger.
Lieder und Tänze des Mittelalters
Ensemble für frühe Musik Augsburg 2009
Diese CD gibt mit den *Carmina Burana*, einem Kreuzzugslied sowie Liedern von Walther von der Vogelweide und Neidhart von Reuental einen schönen Überblick über die Musik des europäischen Mittelalters.

Blondel
Musical von Tim Rice 1983
Unterhaltsames, nicht ganz ernst gemeintes Musical, das auf der Blondelsage basiert

Personenregister